O PENSAMENTO HÉTERO

MONIQUE WITTIG

O PENSAMENTO HÉTERO

E OUTROS ENSAIOS

1ª reimpressão

TRADUÇÃO
MAÍRA MENDES GALVÃO

éFe

autêntica

Copyright © 1992 Monique Wittig
Copyright desta edição © 2022 Autêntica Editora
Publicado mediante acordo com a Beacon Press

Título original: *The Straight Mind and Other Essays*

Todos os direitos reservados pela Autêntica Editora Ltda. Nenhuma parte desta publicação poderá ser reproduzida, seja por meios mecânicos, eletrônicos, seja via cópia xerográfica, sem a autorização prévia da Editora.

EDITORAS RESPONSÁVEIS
Rejane Dias
Cecília Martins

COORDENADORAS DA COLEÇÃO
Cecília Martins
Rafaela Lamas

PREPARAÇÃO
Rogério Bettoni

REVISÃO
Aline Sobreira

CAPA E PROJETO GRÁFICO
Diogo Droschi
(capa sobre foto de Colette Geoffrey, Succession littéraire de Monique Wittig
Wikimedia Commons)

DIAGRAMAÇÃO
Christiane Morais de Oliveira

Dados Internacionais de Catalogação na Publicação (CIP)
(Câmara Brasileira do Livro, SP, Brasil)

Wittig, Monique
    O pensamento hétero e outros ensaios / Monique Wittig ; tradução Maíra Mendes Galvão. -- 1. ed.; 1. reimp. -- Belo Horizonte, MG : Autêntica, 2025. -- (éFe)

    Título original: The Straight Mind and other essays
    ISBN 978-65-59280-14-8

    1. Feminismo e literatura 2. Lesbianidade 3. Movimentos sociais 4. Radicalismo 5. Relações de gênero 6. Teoria feminista I. Galvão, Maíra Mendes. II. Título III. Série.

21-54291   CDD-305.42

Índices para catálogo sistemático:
1. Feminismo : Teoria : Sociologia 305.42

Aline Graziele Benitez - Bibliotecária - CRB-1/3129

Belo Horizonte
Rua Carlos Turner, 420
Silveira . 31140-520
Belo Horizonte . MG
Tel.: (55 31) 3465-4500

São Paulo
Av. Paulista, 2.073 . Conjunto Nacional
Horsa I . Salas 404-406 . Bela Vista
01311-940 . São Paulo . SP
Tel.: (55 11) 3034 4468

www.grupoautentica.com.br
SAC: atendimentoleitor@grupoautentica.com.br

GOSTARIA DE AGRADECER a Mary Jo Lakeland, Susan Ellis Wolf, Sande Zeig, Louise Turcotte, Pascale Noizet, Suzette Triton, Romany Everleigh, Andrew Hrycyna, Beacon Press e Susan Meigs pela ajuda e pelo apoio.

9 Prefácio à edição brasileira: Wittig, o feminismo e o pensamento lésbico (ou teoria lésbica)
Adriana Azevedo

17 Prefácio: Mudando de perspectiva
Louise Turcotte

25 Apresentação

31 **A categoria sexo**

41 **Não se nasce mulher**

55 **O pensamento hétero**

69 **Do contrato social**

85 *Homo sum*

97 **O ponto de vista: universal ou particular?**

107 **O Cavalo de Troia**

115 **A marca de gênero**

129 **O lugar da ação**

PREFÁCIO À EDIÇÃO BRASILEIRA

WITTIG, O FEMINISMO E O PENSAMENTO LÉSBICO (OU TEORIA LÉSBICA)

Adriana Azevedo[1]

Se nós, lésbicas e gays, continuamos nos dizendo, nos concebendo, como mulheres e homens, contribuímos para a manutenção da heterossexualidade. [...] Temos de levar a cabo uma transformação política dos conceitos centrais, quer dizer, dos conceitos que nos são estratégicos. [...] os conceitos hétero vão sendo minados. O que é a mulher? Pânico, alvoroço geral de defesa ativa. Francamente, esse é um problema que as lésbicas não têm, graças a uma mudança de perspectiva, e seria incorreto dizer que as lésbicas se associam, fazem amor, vivem com mulheres, pois "a mulher" só tem

---

[1] Adriana Azevedo é doutora em Literatura, Cultura e Contemporaneidade pela PUC-Rio, professora substituta do departamento de Ciência da Literatura e integrante do Laboratório de Teorias e Práticas Feministas (PACC), ambos na UFRJ. Escreve sobre teoria e crítica cultural com enfoque em questões do feminismo contemporâneo.

> *sentido nos sistemas heterossexuais de pensamento e*
> *nos sistemas econômicos heterossexuais.*
> *Lésbicas não são mulheres.*
>
> Monique Wittig, "O pensamento hétero", 1978.

MONIQUE WITTIG, ESCRITORA[2] e teórica lésbica francesa radicada nos Estados Unidos, fez, talvez, um dos grandes gestos de reavaliação conceitual do nosso mundo social (ocidental), ao dizer uma das frases mais polêmicas e mais mal compreendidas pelo feminismo. "Lésbicas não são mulheres" foi proferida ao final da conferência intitulada "O pensamento hétero", lida em Nova York durante a Modern Language Association Convention em 1978, e teria gerado reações fervorosas da plateia.

O sujeito político do feminismo francês, naquele contexto histórico, era uma mulher essencial, muito próxima da ideia de mulher que circula ainda hoje nos chamados, pela própria Wittig, "heterofeminismos". O feminismo estava sendo construído, assim como todas as ciências humanas, a partir de uma visão de mundo heterocentrada, que é o Wittig chama de "pensamento hétero". E ela vai questionar, com esse termo, o sistema de organização do mundo ocidental, que atravessa para ela todos os conceitos políticos, filosóficos, antropológicos, psicanalíticos, enfim, todo o aparato discursivo das ciências humanas, inclusive o pensamento e as práticas políticas feministas. Para Wittig, esses discursos veem a heterossexualidade como anterior a toda ciência e funcionam como forma de dominação de grupos oprimidos (o que podemos ler hoje como gays, lésbicas, pessoas, racializadas,

---

[2] Fora do Brasil, Monique Wittig é mais conhecida como autora de romances do que como teórica. Seus ensaios políticos e teóricos, redigidos majoritariamente em inglês, foram traduzidos na França somente nos anos 1990, pelo teórico queer francês Sam Bourcier.

não ocidentais, etc.), e o pensamento europeu, sobretudo, esquece que essas organizações discursivas carregam uma dimensão de violência material, física, contra minorias. Não é possível, dentro dessa estrutura, dentro do *pensamento hétero*, construirmos nossas próprias categorias. A partir daí, encontramos o silenciamento, a impossibilidade de falarmos em termos que não sejam os da heteronormatividade.

Wittig estava enfurecida com o feminismo francês antes mesmo das reações ao fim de sua leitura em Nova York. Ela já vinha observando a marginalização das lésbicas no MLF[3] e já tinha sofrido uma verdadeira traição das organizadoras da revista *Questions Féministes*.[4] O combinado era que a última edição da revista seria em torno de um questionamento dessa estrutura heteropatriarcal de poder e que, depois disso, iam encerrar os trabalhos do periódico. Acontece que as demais feministas e organizadoras fundaram a *Nouvelles Questions Féministes*, na qual nem sequer questionam o que para Wittig deveria ser o centro do debate: a heterossexualidade compulsória.

Wittig percebe que o feminismo hegemônico endossa esse discurso, e o poder heteropatriarcal, já que se constitui a partir da

---

[3] MLF, ou Mouvement de Libération des Femmes [Movimento de Liberação das Mulheres], foi um movimento feminista nascido no contexto dos eventos políticos do Maio de 68 na França e que reivindicava a liberdade dos corpos das mulheres, lutando contra a misoginia, o machismo e opressões morais, econômicas, sociais, jurídicas que as mulheres sofrem na sociedade. Teve seu em Paris, em agosto de 1970, com protesto no Arco do Triunfo. Ver também nota 6, p. 122.

[4] *Questions Féministes* foi uma revista fundada em 1977 por Simone de Beauvoir e Christine Delphy – Monique Wittig se juntou a elas mais tarde. Por causa de tensões internas e discordâncias conceituais e teóricas de Wittig e Emmanuèle de Lesseps, a revista parou de circular, e Delphy e Beauvoir resolveram fundar a *Nouvelles Questions Féministes* em 1981, em circulação até hoje.

ideia de mulher gerada no seio dessa mesma estrutura. É por isso que a partir da sua conferência, da afirmação de que "Lésbicas não são mulheres", rompendo com o sujeito universal abstrato do feminismo – a mulher essencial – e criando uma outra via para sua prática discursiva, teórica e política, ela funda o chamado "pensamento lésbico".

O pensamento lésbico parte da noção de que a lésbica é uma via de rasura, fronteiriça, e que podemos pensar as lésbicas como muitas coisas que não são mulheres. Em inglês *butches*, *dykes*, *stonebutches*; no Brasil caminhoneiras, sapatões, lésbicas masculinas – variadas designações para sapatões que não obedecem a uma performatividade de gênero normativa. As lésbicas podem ser muitas identidades políticas ou constituições subjetivas que não obedecem à ideia de mulher de um certo heterofeminismo que já é fundado a partir do termo "feminino", que denota que o sujeito dessa luta se identifica necessariamente com o estereótipo de ser mulher construído pelo heteropatriarcado. As sapatões são as primeiras que nos vêm contemporaneamente à cabeça para pensarmos a proposta epistemológica e conceitual de Wittig.

Além disso, conforme propõe Wittig em seu texto, as lésbicas também não são mulheres por não dependerem economicamente, socialmente, culturalmente, reprodutivamente da figura de um homem provedor, protetor e que encarna o objeto de desejo sexual e afetivo da mulher. A lésbica rompe com a heterossexualidade compulsória[5] e, ao se relacionar com outras lésbicas, está diante de uma outra existência, que desafia os poderes patriarcais e funda novas formas possíveis de se viver juntas.

---

[5] Adrienne Rich, em "A heterossexualidade compulsória e a existência lésbica", também faz uma importante abordagem política do conceito. O ensaio foi originalmente escrito para o dossiê "Sexualidade" da revista *Signs* e publicado aí em 1980.

A sociedade lésbica que Wittig propõe em outro texto, "Não se nasce mulher", (uma referência à frase icônica de Simone de Beauvoir "Não se nasce mulher, torna-se mulher"), enceta para essas novas formas possíveis de se viver juntas, mas não sob a forma de um separatismo lésbico raso, excludente ou com bases biológicas do "ser mulher". A própria Wittig faz uma crítica ao fato de que "a maior parte das feministas e das feministas lésbicas nos Estados Unidos e em outros lugares ainda acredita que a base da opressão da mulher *é tão biológica quanto histórica*" (grifo da autora), e que "o matriarcado não é menos heterossexual do que o patriarcado: o que muda é apenas o sexo do opressor". A ideia de uma sociedade lésbica é uma revolução social, discursiva e cultural, é a lésbica recusando o papel de mulher que a sociedade heteropatriarcal impõe aos corpos das mulheres, e a constatação de que "homem" e "mulher" são categorias políticas, e não fatos biológicos ou naturais.

Para Wittig, por isso, não vale à pena persistir em um "feminismo" que insiste em suas origens biológicas, o feminismo que vem da palavra "fêmea", "mulher", e que significa "alguém que luta pelas mulheres". É a partir também dessa crítica que as leitoras de Wittig e as teóricas lésbicas inspiradas em Wittig vão pensar em uma teoria lésbica.

A teórica feminista Teresa de Lauretis, em sua palestra "When lesbians were not woman" (Quando as lésbicas não eram mulheres)[6] diz que, nos anos 1980, as leituras da obra de Wittig e as poucas conversas que ela teve a oportunidade de ter com ela a levaram a "começar o projeto de escrever teoria lésbica, como algo diferenciado da teoria feminista". Para De Lauretis, a frase de Wittig

---

[6] Trabalho escrito para e apresentado no Colóquio "Em torno da obra Política, Teórica e Literária de Monique Wittig", sob a direção de Marie-Hélène Bourcier e Suzette Robichon, Paris, 16-17 de junho de 2001.

"Lésbicas não são mulheres" abriu um espaço conceitual que até então era impensável, que nos dá a possibilidade de pensar um sujeito excêntrico, que "não se centrava na instituição que sustenta e produz o pensamento hétero". Wittig produziu um duplo deslocamento: primeiro, um deslocamento psíquico, de energia erótica, desde uma figura que excede as categorias de sexo e gênero (a lésbica de Wittig); segundo, um autodeslocamento, ou desidentificação, do sujeito dos pressupostos culturais e das práticas sociais às categorias de sexo e gênero. Ao recusar o contrato heterossexual, a lésbica de Wittig também recusa as práticas de conhecimento, produzindo um deslocamento epistemológico e uma transformação na consciência histórica. De Lauretis considera a sociedade lésbica de Wittig um tipo de organização social, uma sociedade utópica, futurística ou distópica – como a sociedade das amazonas do romance *As Guerrilheiras* da própria Wittig, ou o livro de ficção científica *The Female Man* (O homem fêmea), de Joanna Russ.

Wittig elabora que a sociedade heterossexual está fundada na necessidade do outro e do diferente e que as mulheres são os "outros" das diferenças conceituais do sexo. Os homens, por outro lado, não seriam diferentes. As lésbicas não seriam nem homens nem mulheres, provocando uma transformação dos conceitos políticos que são estratégicos para nós. A universalidade da mulher é parte do pensamento heterossexual – nem mesmo as lésbicas são vistas por essa estrutura de pensamento, fora da heterossexualidade. "Quem é o homem da relação?", pergunta a sociedade diante das lésbicas.

Para Wittig não adianta termos uma consciência da opressão e apenas lutarmos contra ela, é necessário também uma reavaliação conceitual do mundo social, a total reorganização dos seus conceitos, sobretudo em um trabalho através da linguagem.

O pensamento lésbico de Wittig é fundamental para questionarmos as práticas e as teorias feministas desde um ponto de vista de renúncia das normas heterossexuais. A lésbica não ser uma mulher nos ajuda a pensar um sujeito político anti-hetero-patriarcal que não se reconhece dentro das oposições binárias e hierárquicas construídas pelo patriarcado para oprimir tudo o que é diferente do homem hétero. Nos dá, também, possibilidades de construirmos nossas práticas teóricas e políticas que vislumbrem existências que não se adequam dentro da lógica binária de sexo e gênero. Por isso é muito bem-vinda a tradução dos chamados escritos políticos ou teóricos de Wittig no Brasil, finalmente, depois de tantas décadas.

PREFÁCIO
MUDANDO DE PERSPECTIVA

Louise Turcotte[1]

SE HÁ UM NOME ASSOCIADO ao Movimento de Libertação das Mulheres[2] francês, certamente é o de Monique Wittig. Sua reputação surgiu principalmente de suas obras literárias, que foram traduzidas para vários idiomas. Mas, se o legado deixado por Wittig na segunda metade do século XX foi o de escritora, a difusão de seus textos teóricos deixará claro que ela também é uma das grandes pensadoras do nosso tempo.

É impossível localizar sua influência unicamente na literatura, na política ou na teoria, pois seu trabalho perpassa essas três áreas, e é precisamente dessa multidimensionalidade que deriva a grande importância de seu pensamento.

Muito foi escrito sobre suas obras literárias, mas pouco foi dito sobre seus escritos teóricos e políticos. Darei um depoimento mais político, portanto, pois tive a sorte de conhecer Monique

---

[1] Membro do coletivo lésbico responsável pela publicação de *Amazones d'Hier, Lesbiennes d'Aujourd'hui* [Amazonas de Ontem, Lésbicas de Hoje], revista canadense fundada em 1982 e escrita de uma perspectiva lésbica radical. (N.E.)

[2] Ver nota 4, p. 11, e nota 6, p. 122. (N.E.)

Wittig pessoalmente no início da década de 1970. Embora seja possível sistematizar a influência imediata do pensamento de Wittig, ainda é razoavelmente difícil prever a totalidade de sua influência sobre a história da luta pela libertação das mulheres. Seus ensaios questionam algumas das premissas básicas da teoria feminista contemporânea. Aqui, o que está em questão é uma revolução conceitual completa.

Em 1978, na conferência anual da Modern Language Association, em Nova York, quando Monique Wittig concluiu sua comunicação "O pensamento hétero" com a declaração "lésbicas não são mulheres", a recepção calorosa da plateia foi precedida por um breve e ensurdecedor silêncio. Quando o ensaio foi publicado, dois anos depois, no periódico francês *Questions Féministes*, esse silêncio ensurdecedor havia sido transformado – por algumas das feministas mais radicais – em pressão política; então, incluiu-se uma nota para "suavizar" a conclusão. A perspectiva chocante de Wittig era inimaginável naquela época. De fato, uma página da história do Movimento de Libertação das Mulheres havia sido virada por uma das principais instigadoras da França. Que página era essa, exatamente? Por que já não era possível enxergar o Movimento de Libertação das Mulheres exatamente da mesma maneira? Precisamente porque a perspectiva havia mudado.

Desde o início do século XX, toda a luta das mulheres, desde a defesa dos "direitos da mulher" até uma análise feminista da "opressão da mulher", teve como base "o ponto de vista das mulheres". Era algo subentendido. Essa análise foi refinada ao longo dos anos, e diferentes tendências emergiram, como acontece em todos os movimentos de libertação, mas esse consenso básico nunca foi posto em questão. Ele parecia ser, em qualquer circunstância, indiscutível. Foi assim que a declaração "lésbicas não são mulheres" abalou o movimento inteiro, tanto teórica quanto politicamente.

Fundamentada nos conceitos mais recentes do feminismo materialista e radical, entre eles a ideia de "classes sexuais", a declaração de Wittig contestava um ponto fundamental que o feminismo nunca havia questionado: a heterossexualidade. Não mais como sexualidade, mas como regime político. Até então, o feminismo havia considerado o "patriarcado" um sistema ideológico baseado na dominação da classe das mulheres pela classe dos homens. Mas as categorias "homem" e "mulher" em si não haviam sido questionadas de fato. É aqui que a "existência lésbica" se investe de seu significado específico, pois, se essas duas categorias não podem existir uma sem a outra, e se lésbicas só existem pelas "mulheres" e em decorrência delas, tem de haver uma falha nesse sistema conceitual.

No início da década de 1980, muitas lésbicas na França e em Quebec começaram a chamar essa perspectiva de "lesbianismo radical" e a revisar totalmente sua estratégia. Agora, as lésbicas radicais chegaram a um consenso básico que encara a heterossexualidade como um regime político que precisa ser derrubado, e todas nós nos inspiramos nos escritos de Monique Wittig. Para nós, sua obra foi um ponto de partida para a análise e a ação. Toda a história estava preste a ser revista.

Quando a história é revista a partir dessa perspectiva, é interessante notar que os fundamentos de uma crítica da heterossexualidade enquanto "instituição política" já haviam sido construídos no início dos anos 1970 por certas separatistas lésbicas nos Estados Unidos.[3] Mas o separatismo lésbico norte-americano não adotou essa análise. Em vez disso, seu objetivo era desenvolver, em um sistema essencialista, novos valores lésbicos dentro de comunidades lésbicas. Isso era – e ainda é – ignorar que a

---

[3] Ver BUNCH, Charlotte. Learning from Lesbian Separatism. *Ms*, Nov. 1976.

"heterossexualidade [...] só pode garantir seu poder político por meio da destruição ou da negação do lesbianismo".[4] A existência de comunidades lésbicas é estrategicamente necessária. Mas, se elas não estão dentro do contexto de um movimento político cujo objetivo é abolir o sistema heterossexual, passam a significar algo completamente diferente; a questão, nesse caso, seria criar uma "nova categoria". No entanto, somente a destruição das categorias existentes pode realizar mudanças reais. Esta é a compreensão a que chegamos por meio da obra de Monique Wittig: não se trata de substituir "mulher" por "lésbica", mas sim de usar nossa posição estratégica para destruir o sistema heterossexual. Nós, lésbicas, somos como os escravos fugidos, "foragidas de nossa classe" (em "Não se nasce mulher"). Essa frase crucial nos dá a dimensão política da perspectiva lésbica. É preciso tê-la em mente sempre que se lê Wittig.

Nos Estados Unidos, Adrienne Rich propôs uma análise feminista da heterossexualidade em seu ensaio "Heterossexualidade compulsória e existência lésbica", de 1980.[5] Para Rich, a heterossexualidade é "algo que tem de ser imposto, administrado, organizado, propagandeado e mantido à força".[6] Esse texto posiciona a heterossexualidade como uma instituição política no sistema patriarcal. Rich vê a existência lésbica como um ato de resistência a essa instituição, mas, para que a "existência lésbica

---

[4] BRUNET, Ariane; TURCOTTE, Louise. Separatism and Radicalism: An Analysis of the Differences and Similarities. Translated by Lee Heppner. *In*: HOAGLAND, Sarah Lucia; PENELOPE, Julia (Ed.). *For Lesbians Only: A Separatist Anthology*. London: Onlywomen Press, 1988. p. 450.

[5] RICH, Adrienne. Compulsory Heterosexuality and Lesbian Existence. *Signs*, v. 5, n. 4, 1980.

[6] RICH, 1980, p. 648.

conceba esse conteúdo político de maneira definitivamente libertadora, a escolha erótica tem de depender da identificação consciente como mulher e se expandir nela".[7] Rich analisa o conceito de heterossexualidade dentro do contexto da teoria feminista contemporânea a partir da "perspectiva da mulher", enquanto que o lesbianismo radical não utiliza essa perspectiva. Ele enxerga o lesbianismo como necessariamente político e o considera à parte de todo o regime político heterossexual. Pois falar em "heterossexualidade compulsória" é redundante.

"A consciência da opressão não é somente uma reação à (luta contra a) opressão. Também é a reavaliação conceitual completa do mundo social, sua reorganização completa com novos conceitos" (em "Não se nasce mulher"). Para mim, isso resume o trabalho de Monique Wittig. Foi por meio de grupos militantes que vim a conhecê-la. Seu completo respeito por cada indivíduo e seu completo desprezo por todas as formas de poder modificaram para sempre meu conceito de militância. E foi por meio de seus escritos que também vim a entender a necessidade de alternar entre teoria e política. Não se pode conceber luta política sem isso, e, na medida em que se transforma gradualmente a teoria, também devemos transformar nossa luta política. Esse é um desafio que requer constante vigilância e constante disposição para reconsiderar nossas ações e posições políticas. É nesse sentido que é preciso compreender os questionamentos ao movimento feminista feitos por lésbicas radicais.

"Temos de produzir uma transformação política dos conceitos centrais, quer dizer, dos conceitos que nos são estratégicos" (em "O pensamento hétero"). Ao não questionar o regime político heterossexual, o feminismo contemporâneo propõe uma reorganização do sistema em vez de sua eliminação. De forma

---

[7] RICH, 1980, p. 659.

semelhante, parece-me que o desenvolvimento contemporâneo da noção de "gênero" mascara ou camufla as relações de opressão. Frequentemente, "gênero", ainda que enquanto tentativa de descrever as relações sociais entre homens e mulheres, deixa espaço para que se ignore, ou se diminua, a noção de "classes sexuais", assim eliminando a dimensão política dessas relações.

Gostaria de mencionar aqui um dos elementos críticos do *corpus* do pensamento de Wittig, que a frase seguinte resume perfeitamente: "Um texto de um escritor minoritário só é eficaz se consegue tornar universal o ponto de vista da minoria" (em "O ponto de vista: universal ou particular?"). Isso exemplifica a extraordinária eficácia de Wittig. Ao reivindicar a perspectiva lésbica como universal, ela subverte os conceitos aos quais estamos acostumados. Pois, até agora, escritoras minoritárias precisavam acrescentar "o universal" às suas perspectivas quando queriam alcançar a universalidade inconteste da classe dominante. Homens gays, por exemplo, sempre se definiram como minoria e nunca questionaram, apesar de sua transgressão, a escolha dominante. É por isso que a cultura gay sempre teve um público razoavelmente amplo. O pensamento lésbico de Wittig não procura transgredir, mas claramente se livrar das categorias de gênero e sexo sobre as quais se apoia a própria noção de universalidade. "Sexos (gênero), diferença entre os sexos, homem, mulher, raça, negro, branco e natureza estão no cerne desse conjunto de parâmetros [do pensamento hétero]. Eles moldaram nossos conceitos, nossas leis, nossas instituições, nossa história, nossas culturas" (em *Homo sum*"). Para reexaminar os parâmetros que fundamentam o pensamento universal, é preciso reavaliar todas as ferramentas básicas de análise, inclusive a dialética. Não para descartá-la, mas para torná-la mais eficaz.

O trabalho de Monique Wittig é a ilustração perfeita da ligação entre política e teoria. Vemos com muita frequência esses dois elementos como entidades separadas; de um lado há o trabalho teórico e de outro o político, funcionando separadamente, quando, na verdade, deveriam se cruzar. Esse encontro da teoria com a política é fundamental para toda luta política, e é precisamente o que torna o pensamento de Wittig tão inquietante. A conformidade teórica pede luta política. Quando se alcança essa conformidade, é porque já se conseguiu abalar o curso da história.

APRESENTAÇÃO

LESBIANISMO MATERIALISTA é o nome que eu daria à abordagem política e filosófica da primeira metade desta coletânea de ensaios. Descrevo a heterossexualidade não como instituição, mas como regime político apoiado na submissão e na apropriação de mulheres. Quando estão em apuros, exatamente como acontecia aos servos e escravos, as mulheres podem "escolher" ser fugitivas e tentar escapar de sua classe ou grupo (como fazem as lésbicas) e/ou renegociar diariamente, termo por termo, o contrato social. Não há saída (já que não existe território para as mulheres, outra margem do Mississippi, tampouco Palestina ou Libéria). A única coisa a fazer é contar com as próprias pernas enquanto foragida, escrava fugida, lésbica. É preciso aceitar que minha perspectiva possa parecer grosseira, e não admira que seja assim, considerando todos os séculos contrários a ela. Primeiramente, é preciso se posicionar fora dos trilhos da política, da filosofia, da antropologia, da história, das "culturas", para entender o que realmente está acontecendo. Ao fazer isso, é possível que se tenha de deixar de lado o magnânimo brinquedo filosófico que é a dialética, porque ela não permite que se conceba a oposição entre homens e mulheres em termos de conflito de classe. É preciso entender que não há nada de eterno nesse conflito e que, para superá-lo, é preciso destruir política, filosófica e simbolicamente as categorias "homem" e "mulher".

A dialética nos decepcionou. Por isso, cabe a nós entender o que são "materialismo" e materialidade. Vou listar aqui alguns nomes, nomes de pessoas sem as quais eu não teria me empoderado para atacar conceitualmente o mundo hétero. Por ordem de publicação de seus trabalhos, Nicole-Claude Mathieu, Christine Delphy, Colette Guillaumin, Paola Tabet e Sande Zeig representam, para mim, as influências políticas mais importantes da época em que escrevi estes ensaios. Cada uma delas merece um capítulo.

Mathieu foi a primeira a estabelecer as mulheres nas ciências sociais como entidade sociológica e antropológica, isto é, não como apêndices dos homens, mas como um grupo que se sustenta com as próprias pernas. Ela deu origem ao que chamou de "antropologia dos sexos". Mas ela é filósofa, além de antropóloga de tradição francesa. Seu último ensaio sobre a consciência é um marco. Mathieu nos dá o elo perdido da história da consciência ao fornecer sua análise da consciência enquanto oprimida – o que não significa consciência enquanto alienada.

Delphy cunhou a expressão "feminismo materialista" e modificou o conceito marxista de classe, demonstrando que ele está obsoleto, já que não leva em conta o tipo de trabalho que não tem valor de troca, que representa dois terços do trabalho exercido globalmente, de acordo com estatísticas recentes[1] das Nações Unidas.

Guillaumin transformou a perspectiva sobre materialismo e materialidade de tal forma que, após seu trabalho, esses conceitos se tornaram irreconhecíveis. É preciso ler Guillaumin para entender

---

[1] Vale ressaltar que o trabalho de Delphy a que se refere a autora foi publicado em 1975, e os ensaios aqui reunidos foram escritos entre 1976 e 1980, e reunidos em livro em 1991. (N.E.)

que aquilo a que chamávamos materialismo até agora estava muito distante do cerne da questão, já que se havia ignorado o aspecto mais importante da materialidade. Existe, de um lado, o esforço físico e mental atrelado a um tipo de trabalho que consiste meramente em serviço físico para uma ou várias pessoas sem nenhuma compensação em forma de salário, e, de outro lado, as implicações físicas e mentais do tipo de trabalho que aliena a pessoa de si mesma dia e noite. Mas Guillaumin ficou mais conhecida por definir o aspecto duplo da opressão da mulher: uma apropriação privada por um indivíduo (marido ou pai) e uma apropriação coletiva do grupo inteiro, incluindo pessoas celibatárias, pela classe dos homens. Em outras palavras, "sexagem". Se você não é casada, terá de se dispor a cuidar dos doentes, dos idosos, dos fracos (como fazem frequentemente freiras e voluntárias), sejam eles parentes ou não.

Tabet, em seu trabalho com a antropologia dos sexos, estabeleceu uma conexão entre mulheres enquanto indivíduos coletivamente apropriados. Particularmente em seus últimos trabalhos sobre prostituição, ela demonstra que há um contínuo entre as chamadas prostitutas e as lésbicas enquanto uma classe de mulheres que não são apropriadas privadamente, mas ainda são objetos de opressão heterossexual no âmbito coletivo.

Zeig, com quem escrevi *Lesbian Peoples: Material for a Dictionary* (Povos lésbicos: material para um dicionário) e a peça *The Constant Journey* (A jornada constante), levou-me a entender que os efeitos da opressão no corpo – dando-lhe sua forma, seus gestos, seu movimento, sua motricidade e até mesmo seus músculos – se originam no domínio abstrato dos conceitos, por meio das palavras que os formalizam. Eu estava pensando no seu trabalho como atriz e escritora quando disse (em "A marca do gênero") que "a linguagem projeta feixes da realidade sobre o corpo social, marcando-o e moldando-o violentamente. Por exemplo, o corpo dos atores [...]".

Há muitos outros nomes importantes que não mencionei (Colette Capitan, Monique Plaza, Emmanuelle de Lesseps, Louise Turcotte, Danielle Charest, Suzette Triton, Claudie Lesselier, etc.). Mas estou enumerando apenas as pessoas que tiveram influência direta em meu modo de pensar.

Esta coletânea de ensaios está dividida em duas partes. A primeira metade, como já mencionei, é uma discussão política. Com "A categoria sexo", quis apresentar o "sexo" como categoria política. A palavra "gênero", que já era usada na Inglaterra e nos Estados Unidos, pareceu-me imprecisa. Em "Não se nasce mulher", há uma tentativa de estabelecer uma ligação entre mulheres que lutam por mulheres enquanto classe, contra a ideia de "mulher" como um conceito essencialista. Em "O pensamento hétero", faço um esboço do pensamento que, ao longo dos séculos, construiu a heterossexualidade como fato dado. "Do contrato social" discute a ideia de que haja uma questão para além do contrato social heterossexual. "*Homo sum*" trata do pensamento político e do futuro da dialética.

Na segunda metade desta coletânea, menciono o objeto de meu maior interesse: a escrita. Meu primeiro livro, *The Opoponax*, teve o apoio da French New Novel, uma escola de autores que sempre vou admirar pela maneira como revolucionou o romance e por sua posição a favor da literatura como literatura. Eles me ensinaram o que é o trabalho em literatura.

Em "O ponto de vista: universal ou particular?", toco no problema da obra de arte cujas formas literárias não são percebidas porque o tema da obra (neste caso, a homossexualidade) é predominante.

"O Cavalo de Troia" é uma discussão sobre a linguagem como matéria-prima para o escritor e sobre o quanto as formas literárias afetam violentamente seu próprio contexto quando são novas. Esse ensaio foi desenvolvido em um livro não publicado que chamo de *A oficina literária* (*Le Chantier litteraire*).[2]

Em "A marca de gênero", examino o significado original de gênero e como ele representa o indexador linguístico da opressão material da mulher.

"O local da ação" enfoca a linguagem enquanto contrato social supremo, uma ideia inspirada no trabalho de Nathalie Sarraute.

Vários periódicos estiveram envolvidos na publicação de textos sobre o novo materialismo. O primeiro foi *Questions Féministes*, cujo coletivo me convidou para me juntar a ele quando vim aos Estados Unidos pela primeira vez. À época, eu preparava uma série de seminários no Departamento de Francês da Universidade da Califórnia, Berkeley. Estava tentando inaugurar, sozinha, uma revolução epistemológica na abordagem da opressão das mulheres. Foi então que me juntei, com entusiasmo, a esse grupo cujos membros estavam tomando o mesmo rumo.

A *Feminist Issues* foi lançada em Berkeley alguns anos depois para abordar o conceito de materialismo feminista, e seu coletivo me convidou para ser editora consultiva. Apesar do conflito que tínhamos na França sobre a questão lésbica, as editoras norte-americanas (Mary Jo Lakeland e Susan Ellis Wolf) decidiram que essa questão não prejudicaria a revista e que receberia a devida atenção em um contexto internacional.

Amazones d'Hier, Lesbiennes d'Aujourd'hui foi publicada em Montreal por lésbicas radicais, com Louise Turcotte e Danielle Charest à frente, que entenderam a necessidade tanto de uma teoria do materialismo feminista quanto de ultrapassá-lo por meio da teoria e da luta que elas adotaram e desenvolveram.

Tucson, janeiro de 1991.

---

[2] O livro foi publicado em 1999 pela editora POL, de Paris. (N.E.)

A CATEGORIA SEXO[1]

*O. expressa uma ideia viril. Viril ou ao menos masculi-
na. Finalmente uma mulher que admite! Que admite o quê?
Algo que, até agora, as mulheres sempre se recusaram a admitir (e hoje mais do que nunca). Algo que os homens sempre
usaram para repreendê-las: que elas nunca param de obedecer
à sua natureza, ao chamado de seu sangue, que tudo nelas,
até na mente, é sexo.*

Jean Paulhan, "Happiness in Slavery",
prefácio a *The Story of O*, de Pauline de Reage

*Ao longo de 1838, a pacífica ilha de Barbados foi aba-
lada por uma insurreição estranha e sangrenta. Cerca de 200
negros de ambos os sexos, todos recentemente emancipados pela
Proclamação de Março, vieram, numa certa manhã, implorar
a seu antigo senhor, um tal Glenelg, para que os aceitasse de
volta ao jugo [...] Eu suspeito [...] que os escravos de Glenelg*

---

[1] Texto de 1976, publicado pela primeira vez em *Feminist Issues*, v. 2, n. 2, 1982. (N.E.)

estavam apaixonados por seu senhor, que não suportavam
a vida sem ele.

Jean Paulhan, "Happiness in Slavery"

— Por que deveria me casar? Para mim, a vida
é boa o suficiente como está. Para que precisaria
de uma esposa? [...] E o que há de tão bom em uma mulher?
— A mulher é uma empregada.
A mulher é a serva do homem.
— Mas para que eu precisaria de uma empregada?
— Para mais nada: você gosta de ter alguém que retire
as castanhas do fogo no seu lugar. [...]
— Se é assim, então se case comigo.

Ivan Turguêniev, *Memórias de um caçador*

A PERENIDADE DOS SEXOS E A perenidade dos escravos e senhores provêm da mesma crença, e, assim como não existe escravo sem senhor, não existe mulher sem homem. A ideologia da diferença sexual funciona como censura em nossa cultura ao mascarar, em nome da natureza, a oposição social entre homens e mulheres. Masculino/feminino, macho/fêmea são as categorias que servem para esconder o fato de que as diferenças sociais sempre pertencem a uma ordem econômica, política e ideológica. Todo sistema de dominação estabelece divisões em nível material e econômico. Ademais, as divisões são abstraídas e transformadas em conceitos pelos senhores e, mais tarde, pelos escravos quando se rebelam e começam a lutar. Os senhores explicam e justificam as divisões estabelecidas como resultado de diferenças naturais. Os escravos, quando se rebelam e começam a lutar, enxergam as oposições sociais nas chamadas diferenças naturais.

Pois não existe sexo. Existe apenas sexo que é oprimido e sexo que oprime. É a opressão que cria o sexo, e não o contrário. O contrário seria dizer que o sexo cria a opressão, ou dizer que se pode encontrar a causa (origem) da opressão no sexo em si, em uma divisão natural dos sexos preexistente à (ou fora da) sociedade.

A primazia da diferença constitui de tal maneira o nosso pensamento que o impede de se voltar para dentro de si para se questionar, não importa o quanto isso seja necessário para que apreendamos a base daquilo que precisamente o constitui. Apreender a diferença em termos dialéticos é tornar aparentes os termos contraditórios a serem resolvidos. Entender a realidade social em termos do materialismo dialético é apreender as oposições entre classes, termo a termo, e fazer com que se encontrem na mesma cópula (um conflito na ordem social), o que também configura uma resolução (uma abolição na ordem social) das contradições aparentes.

A luta de classes é precisamente aquilo que resolve as contradições entre duas classes opostas, ao aboli-las ao mesmo tempo que as constitui e as revela enquanto classes. A luta de classes entre homens e mulheres, que deveria ser empreendida por todas as mulheres, é aquela que resolve as contradições entre os sexos, abolindo-as e, ao mesmo tempo, fazendo com que sejam compreendidas. Temos de perceber que as contradições são sempre de ordem material. O importante para mim é que, antes do conflito (rebelião, luta), não existem categorias de oposição, somente de diferença. E é somente depois de travada a luta que a realidade violenta das oposições e a natureza política das diferenças se tornam manifestas. Pois, enquanto as oposições (diferenças) aparecerem como dadas, como algo que já está lá antes de qualquer pensamento, ou seja, "naturais" – enquanto não houver conflito nem luta –, não haverá dialética, não haverá mudança, não haverá movimento. O pensamento dominante se recusa a se voltar para dentro de si para apreender aquilo que o questiona.

E, de fato, enquanto não existir uma luta das mulheres, não haverá conflito entre homens e mulheres. As mulheres estão fadadas a executar três quartos do trabalho da sociedade (na vida pública assim como na vida privada) e mais o trabalho corporal da reprodução de acordo com uma cota preestabelecida. O destino das mulheres é serem assassinadas, mutiladas, torturadas e abusadas física e mentalmente, estupradas, espancadas e forçadas a se casar. E, supostamente, não se pode mudar o destino. As mulheres não sabem que são totalmente dominadas por homens e, quando tomam consciência do fato, "mal podem acreditar". Além disso, com frequência, como último recurso diante da realidade nua e crua, elas se recusam a "acreditar" que os homens tenham plena consciência de que as dominam (pois a opressão é muito mais horrenda para os oprimidos do que para os opressores). Os homens, por outro lado, sabem muito bem que estão dominando as mulheres ("Somos os senhores das mulheres", disse André Breton[2]) e são treinados para isso. Eles nem precisam falar sobre isso o tempo todo, já que não faz sentido falar de dominação em relação a algo que é sua propriedade.

O que é esse pensamento que se recusa a se voltar para si mesmo, que nunca questiona o que o constitui primariamente? Esse pensamento é o pensamento dominante. É um pensamento que afirma um "sempre foi assim" dos sexos, algo que é dado como anterior a todo pensamento, anterior à sociedade. Esse pensamento é o pensamento dos que governam as mulheres.

---

[2] BRETON, André. *Le Premier manifeste du surréalisme*. Paris: Gallimard, 1966.

As ideias da classe dominante são, em cada época, as ideias dominantes, isto é, a classe que é a força *material* dominante da sociedade é, ao mesmo tempo, sua força *espiritual* dominante. A classe que tem à sua disposição os meios da produção material dispõe também dos meios da produção espiritual, de modo que a ela estão submetidos aproximadamente ao mesmo tempo os pensamentos daqueles aos quais faltam os meios da produção espiritual. As ideias dominantes não são nada mais do que a expressão ideal das relações materiais dominantes, são as relações materiais dominantes apreendidas como ideias; portanto, são a expressão das relações que fazem de uma classe a classe dominante, são as ideias de sua dominação.[3]

Esse pensamento fundado na primazia da diferença é o pensamento da dominação.

A dominação fornece às mulheres um corpo de dados, de realidades, de *a prioris* que, mais ainda por serem questionáveis, formam um enorme construto político, uma rede impermeável que afeta tudo, nossos pensamentos, nossos gestos, nossos atos, nosso trabalho, nossos sentimentos, nossos relacionamentos.

A dominação, portanto, ensina-nos de todos os lados:

- que, antes de todo pensamento, de toda sociedade, existem "sexos" (duas categorias inatas de indivíduos) com uma diferença constitutiva, uma diferença que tem consequências ontológicas (a abordagem metafísica);
- que, antes de todo pensamento, de toda ordem social, existem "sexos" com uma diferença "natural",

---

[3] MARX, Karl; ENGELS, Friedrich Engels. *A ideologia alemã*. Tradução de Rubens Enderle, Nélio Schneider e Luciano Cavini Martorano. São Paulo: Boitempo, 2007. p. 47.

"biológica", "hormonal" ou "genética" que tem consequências sociológicas (a abordagem científica);

- que, antes de todo pensamento, toda ordem social, existe uma "divisão natural do trabalho na família", uma "divisão do trabalho que originalmente não era nada *além* da divisão do trabalho no ato sexual" (a abordagem marxista).

Seja qual for a abordagem, a ideia permanece basicamente a mesma. Os sexos, apesar de sua diferença constitutiva, devem inevitavelmente desenvolver relações de categoria a categoria. Pertencentes à ordem natural, essas relações não podem ser consideradas relações sociais. Esse pensamento que impregna todos os discursos, incluindo os de senso comum (a costela de Adão, ou Adão, é; Eva é a costela de Adão), é o pensamento da dominação. Seu corpo de discursos é constantemente reforçado em todos os níveis da realidade social e esconde o fato político que é a subjugação de um sexo pelo outro, o caráter compulsório da categoria em si (que constitui a primeira definição do ser social em estado civil). A categoria sexo não existe *a priori*, antes de toda sociedade. E, como categoria de dominância, ela não pode ser produto da dominância natural, mas da dominância social das mulheres pelos homens, pois não existe outra dominância a não ser a social.

A categoria sexo é a categoria política que funda a sociedade enquanto heterossexual. Como tal, ela não diz respeito ao ser, mas a relações (pois homens e mulheres são resultado de relações), embora sempre se confundam os dois aspectos quando são discutidos. A categoria sexo é aquela que determina que é "natural" a relação que está na base da sociedade (heterossexual) e por meio da qual metade da população, as mulheres, é "heterossexualizada" (a fabricação das mulheres é como a fabricação dos eunucos, dos escravos, dos animais) e submetida a uma economia heterossexual. Pois a categoria sexo é o produto de uma sociedade heterossexual que impõe à mulher a obrigação rígida da reprodução da "espécie", ou seja, a reprodução da sociedade heterossexual. A reprodução compulsória da "espécie" pela mulher é o sistema de exploração em que a heterossexualidade se baseia economicamente. A reprodução é essencialmente esse trabalho, essa produção feita por mulheres, por meio da qual se perpetua a apropriação pelos homens de todo o trabalho das mulheres. É preciso incluir aqui a apropriação do trabalho que é associado "por natureza" à reprodução, à criação dos filhos e às tarefas domésticas. Essa apropriação do trabalho das mulheres é executada da mesma maneira que a apropriação do trabalho da classe trabalhadora pela classe dominante. Não se pode dizer que uma dessas duas produções (reprodução) seja "natural" enquanto a outra seja social. Esse argumento é somente a justificativa teórica e ideológica da opressão, um argumento para fazer as mulheres acreditarem que, antes da existência da sociedade, e em todas as sociedades, elas estão sujeitas a essa obrigação de reproduzir. No entanto, como não sabemos nada sobre trabalho e produção social fora do contexto da exploração, não sabemos nada sobre a reprodução da sociedade fora de seu contexto de exploração.

A categoria sexo é o produto de uma sociedade heterossexual em que os homens apropriam para si a reprodução e a produção feitas pelas mulheres, assim como suas pessoas físicas, por meio de um contrato chamado contrato de casamento. Compare esse contrato com o contrato que vincula um trabalhador a seu empregador. O contrato que vincula a mulher ao homem é, em princípio, um contrato vitalício, que somente a lei pode quebrar (o divórcio). Ele assinala à mulher certas obrigações, incluindo trabalho não remunerado. O trabalho (tarefas domésticas, criação dos filhos) e as obrigações (renúncia de sua reprodução em nome do marido, coabitação dia e noite, coito forçado, determinação de residência implícita no conceito jurídico de "abandono de domicílio conjugal") significam uma renúncia pela mulher de sua pessoa física ao marido. O fato de que a mulher depende diretamente do marido está implícito na política policial de não interferir quando o marido bate na esposa. A polícia intervém na acusação específica de agressão quando um cidadão bate em outro cidadão. Mas uma mulher que assinou um contrato de casamento deixou, por meio dele, de ser um cidadão comum (protegido pela lei). A polícia expressa abertamente sua aversão a se envolver em questões domésticas (em oposição a questões civis), nas quais a autoridade do Estado não tem de intervir diretamente, pois a autoridade é transferida ao marido. Basta ir a algum abrigo para mulheres vítimas de violência doméstica para entender a que extremo pode chegar essa autoridade.

A categoria sexo é o produto de uma sociedade heterossexual que transforma metade da população em seres sexuais, pois sexo é uma categoria fora da qual as mulheres não podem estar. Onde quer que estejam e o que quer que façam (incluindo trabalhar no setor público), elas são vistas (e postas) como sexualmente disponíveis aos homens, e seus seios, suas nádegas e suas vestes devem estar visíveis. Elas têm de exibir sua estrela amarela, seu sorriso constante, noite e dia. É possível considerar que toda mulher, casada ou não, tenha um período de serviço sexual forçado, um serviço sexual que podemos comparar ao serviço militar, e que pode variar entre um dia, um ano ou 25 anos ou mais. Algumas lésbicas e freiras escapam disso, mas são muito poucas, embora o número esteja crescendo. Apesar de as mulheres serem muito visíveis enquanto seres sexuais, enquanto seres sociais elas são totalmente invisíveis e, nessa condição, devem aparecer o mínimo possível, e sempre com algum tipo de desculpa, se for o caso. Basta ler entrevistas com mulheres de destaque para notar que elas pedem desculpas. E os jornais de hoje ainda noticiam que "dois estudantes e uma mulher", "dois advogados e uma mulher", "três viajantes e uma mulher" foram vistos fazendo isto e aquilo. Porque a categoria sexo é a categoria que marca as mulheres, pois não são entendidas fora dessa categoria. Somente *elas* são sexo, *o* sexo, e tiveram o espírito, o corpo, os atos e os gestos transformados em sexo; até mesmo os assassinatos e as agressões que elas sofrem são sexuais. De fato, a categoria sexo aprisiona fortemente as mulheres.

Pois a categoria sexo é totalitária e, para provar sua verdade, tem suas inquisições, seus tribunais, seus conjuntos de leis, seus terrores, suas torturas, suas mutilações, suas execuções, sua polícia. Ela modela o espírito, assim como o corpo, já que controla toda produção mental. Ela envolve nosso espírito de tal forma que não conseguimos pensar fora dela. É por isso que, se quisermos de fato começar a pensar, precisamos destruí-la e pensar fora dela, assim como precisamos destruir os sexos como realidade sociológica se quisermos começar a existir. A categoria sexo é a categoria que determina a escravidão para as mulheres, e funciona especificamente, como no caso dos negros escravizados, por meio de uma operação de redução, tomando a parte pelo todo, a parte (cor, sexo) pela qual um grupo inteiro de humanos tem de passar como por uma peneira. Cabe ressaltar que, na vida civil, tanto a cor quanto o sexo precisam ser "declarados". No entanto, graças à abolição da escravatura, a "declaração" de "cor" agora é considerada discriminatória. Mas o mesmo não ocorre com a "declaração" de "sexo", que nem mesmo as mulheres sonham em abolir. Eu digo: passou da hora de fazermos isso.[4]

---

[4] O prazer no sexo tem tanto lugar neste ensaio quanto a felicidade na escravidão.

NÃO SE NASCE MULHER[1]

UMA ABORDAGEM FEMINISTA materialista[2] da opressão da mulher destrói a ideia de que as mulheres sejam um "grupo natural": "um grupo racial de tipo especial, um grupo percebido *como natural*, um grupo de homens com corpos considerados materialmente específicos".[3] O que a análise alcança no nível das ideias a prática torna realidade no nível dos fatos: a própria existência da sociedade lésbica destrói o fato (social) artificial que constitui as mulheres como um "grupo natural". Uma

---

[1] Texto publicado pela primeira vez em *Feminist Issues*, v. 1, n. 2, 1981. (N.E.)

[2] DELPHY, Christine. Pour un féminisme matérialiste. *L'Arc*, n. 61, 1975. Traduzido para o inglês como "For a Materialist Feminism" e publicado em *Feminist Issues*, v. 1, n. 2, 1981.

[3] GUILLAUMIN, Colette. Race et nature: système des marques, idée de groupe naturel et rapports sociaux. *Pluriel*, n. 11, 1977. Traduzido para o inglês como "Race and Nature: The System of Marks, the Idea of a Natural Group and Social Relationships" e publicado em *Feminist Issues*, v. 8, n. 2, 1988.

sociedade lésbica[4] revela pragmaticamente que a separação dos homens da qual a mulher foi objeto é política e demonstra que fomos reconstruídas ideologicamente como pertencentes a um "grupo natural". No caso das mulheres, a ideologia vai longe, uma vez que tanto nosso corpo quanto nossa mente são produto dessa manipulação. Em nosso corpo e em nossa mente, fomos obrigadas a corresponder, característica por característica, à *ideia* de natureza estabelecida para nós. Fomos desvirtuadas a tal ponto que nosso corpo deformado é o que eles chamam de "natural", é o que deve existir como tal diante da opressão. Desvirtuadas a tal ponto que, no fim, a opressão parece consequência dessa "natureza" em nós mesmas (uma natureza que é apenas uma *ideia*). O que uma análise materialista faz por meio do raciocínio uma sociedade lésbica alcança pela prática: além de não haver um grupo natural classificado como "mulheres" (nós, lésbicas, somos prova viva disso), nós também questionamos a "mulher" como indivíduo, pois, para nós, assim como para Simone de Beauvoir, a "mulher" não passa de um mito. Ela disse: "Ninguém nasce mulher: torna-se mulher. Nenhum destino biológico, psíquico, econômico define a forma que a fêmea humana assume no seio da sociedade; é o conjunto da civilização que elabora esse produto intermediário entre o macho e o castrado, que qualificam de feminino".[5]

No entanto, a maior parte das feministas e das feministas lésbicas nos Estados Unidos e em outros lugares ainda acredita

---

[4] Uso a palavra "sociedade" com um sentido antropológico ampliado; a rigor, ela não se refere a sociedades, no sentido de que sociedades lésbicas não existem de forma completamente autônoma dos sistemas sociais heterossexuais.

[5] BEAUVOIR, Simone de. *O segundo sexo*. Rio de Janeiro: Nova Fronteira, 2014. p. 9.

que a base da opressão da mulher é *tão biológica quanto histórica*. Algumas, inclusive, dizem que sua fonte é Simone de Beauvoir.[6] A crença no direito materno e em uma "pré-história" na qual as mulheres criaram a civilização (por causa de uma predisposição biológica) enquanto os homens, grosseiros e brutos, caçavam (por causa de uma predisposição biológica) é simétrica à interpretação biologizante da história feita até agora pela classe dos homens. Ainda é o mesmo método de encontrar em homens e mulheres uma explicação biológica para sua divisão, exterior aos fatos sociais. Para mim, isso jamais poderia constituir a abordagem lésbica à opressão das mulheres, pois pressupõe que a base ou a origem da sociedade esteja na heterossexualidade. O matriarcado não é menos heterossexual do que o patriarcado: o que muda é apenas o sexo do opressor. Além disso, essa concepção não só ainda está aprisionada às categorias de sexo (mulher e homem), como também se aferra à ideia de que a capacidade de dar à luz (biologia) é o que define uma mulher. Ainda que fatos e modos de vida, na sociedade lésbica, contradigam essa teoria, existem lésbicas que afirmam que "mulheres e homens são espécies ou raças diferentes (os termos são usados de forma intercambiável): os homens são biologicamente inferiores às mulheres; a violência masculina é uma inevitabilidade biológica [...]".[7] Ao fazer isso, ao admitir a existência de uma divisão "natural" entre mulheres e homens, nós naturalizamos a história, presumimos que "homem" e "mulher" sempre existiram e sempre existirão. Mas não é só a história que naturalizamos: consequentemente, naturalizamos também os fenômenos sociais que expressam nossa opressão,

---

[6] REDSTOCKINGS. *Feminist Revolution*. New York: Random House, 1978. p. 18.

[7] DWORKIN, Andrea. Biological Superiority: The World's Most Dangerous and Deadly Idea. *Heresies*, n. 6, 1977, p. 46.

tornando a mudança impossível. Por exemplo, em vez de entender a gravidez como produção forçada, nós a consideramos um processo "natural", "biológico", esquecendo que, na nossa sociedade, a natalidade é planejada (demografia), esquecendo que nós mesmas somos programadas para produzir filhos, quando essa é a única atividade social, "exceto a guerra",[8] que carrega um risco de morte tão grande. Assim, enquanto formos "incapazes de abandonar, por volição ou impulso, um compromisso vitalício e firmado há séculos com a reprodução como *o* ato criativo feminino",[9] conquistar o controle da produção de filhos significará muito mais do que o mero controle dos meios materiais de produção: as mulheres terão de se abstrair da definição "mulher" que lhes é imposta.

Uma abordagem feminista materialista mostra que o que tomamos como causa ou origem da opressão é, na verdade, somente a *marca*[10] imposta pelo opressor: o "mito da mulher",[11] junto com seus efeitos materiais e suas manifestações na consciência e no corpo apropriado das mulheres. Assim, essa marca não precede a opressão: Colette Guillaumin demonstrou que, antes da realidade socioeconômica da escravidão dos negros, o conceito de raça não existia, pelo menos não em sua acepção moderna, já que era aplicado à linhagem de famílias. Hoje, porém, tanto raça quanto sexo são entendidos como "dado imediato", "dado constatável", conjunto de "características físicas" pertencente a uma ordem natural. Mas o que acreditamos ser uma percepção física e direta

---

[8] ATKINSON, Ti-Grace. *Amazon Odyssey*. New York: Links Books, 1974. p. 15.

[9] DWORKIN, 1977, p. 46.

[10] GUILLAUMIN, 1977.

[11] BEAUVOIR, 2014.

é somente uma construção sofisticada e mítica, uma "formação imaginária"[12] que reinterpreta características físicas (em si neutras como quaisquer outras, mas marcadas pelo sistema social) por meio da rede de relações em que são percebidas (são vistas como *negras*, logo *são* negras; são vistas como *mulheres*, logo *são* mulheres – mas, antes de serem *vistas* dessa forma, tiveram de ser *feitas* dessa forma). Lésbicas deveriam sempre se lembrar do quanto era "antinatural", compulsório, totalmente opressor e destrutivo ser "mulher" nos tempos antes do movimento de libertação das mulheres. Era uma coação política, e aquelas que resistiam eram acusadas de não serem mulheres "de verdade". Mas nós tínhamos orgulho disso, porque, na acusação, havia algo como uma sombra da vitória: o reconhecimento pelo opressor de que "mulher" não é algo óbvio, já que, para ser mulher, é preciso ser "de verdade". Éramos, ao mesmo tempo, acusadas de querer ser homens. Hoje, no contexto do movimento de libertação das mulheres, essa dupla acusação tem sido readotada com entusiasmo por algumas feministas, e infelizmente também por algumas lésbicas cujo objetivo político parece ser o de se tornarem, de alguma maneira, cada vez mais "femininas". Recusar-se a ser mulher, no entanto, não significa ter de se transformar em homem. Além disso, tomando como exemplo a "caminhoneira" [*butch*] perfeita, o exemplo clássico que incita mais horror, a quem Proust teria chamado de mulher-homem, como sua alienação é diferente da de alguém que quer se tornar uma mulher? São duas e a mesma coisa. Pelo menos para uma mulher, querer se tornar um homem prova que ela escapou de sua programação inicial. Mas, mesmo que ela queira, com todas as forças, ela não pode se tornar um homem. Pois, para se tornar um homem, a mulher precisaria ter não só a aparência externa de um homem, mas também a consciência

---

[12] GUILLAUMIN, 1977.

– isto é, a consciência de alguém que dispõe, por direito, de pelo menos dois escravos "naturais" durante a vida. Isso é impossível, e uma característica da opressão das lésbicas consiste precisamente em manter as mulheres fora de nosso alcance, já que as mulheres pertencem aos homens. Assim, uma lésbica *tem de* ser outra coisa, uma não mulher, uma não homem, um produto da sociedade, não um produto da natureza, pois não há natureza na sociedade.

A recusa de se tornar (ou permanecer) heterossexual sempre significou uma recusa de se tornar um homem ou uma mulher, conscientemente ou não. Para uma lésbica, isso vai além da recusa do *papel* de "mulher". É a recusa do poder econômico, ideológico e político de um homem. Disso nós, lésbicas e também as não lésbicas, já sabíamos desde muito antes do início do movimento lésbico e feminista. No entanto, como enfatiza Andrea Dworkin, muitas lésbicas nos últimos anos "têm tentado cada vez mais transformar a própria ideologia que nos escravizou em uma celebração dinâmica, religiosa e psicologicamente sedutora do potencial biológico feminino".[13] Assim, alguns caminhos do movimento feminista e lésbico nos remetem ao mito da mulher que foi criado pelos homens especialmente para nós, e, com ele, afundamo-nos de volta ao status de grupo natural. Depois de nos levantarmos para lutar por uma sociedade sem a categorização por sexo,[14] vemo-nos agora presas naquele conhecido impasse de que "ser mulher é maravilhoso". Simone de Beauvoir sublinha especificamente a falsa consciência que consiste em selecionar, dentre as características do mito (de que mulheres são diferentes dos homens), aquelas que nos favorecem e usá-las para definir "mulheres".

---

[13] DWORKIN, 1977, p. 46.

[14] "Se há alguma lógica no feminismo, ela deve ser o trabalho por uma sociedade sem sexo" (ATKINSON, 1974, p. 6).

O que o conceito de que "ser mulher é maravilhoso" consegue é manter, para a definição de mulher, as melhores características (melhores segundo quem?) que a opressão nos forneceu, e não questiona radicalmente as categorias "homem" e "mulher", que são categorias políticas, e não fatos naturais. Esse conceito nos coloca em posição de luta dentro da classe "mulheres" não como fazem as outras classes, pelo desaparecimento da nossa classe, mas pela defesa da "mulher" e pelo seu fortalecimento. Ele nos leva a desenvolver com complacência "novas" teorias sobre nossa especificidade: assim, chamamos nossa passividade de "não violência", quando o mais importante e urgente para nós é lutar contra nossa passividade (nosso medo – um medo justificado, aliás). A ambiguidade do termo "feminista" resume a situação toda. O que significa "feminista"? A palavra "feminista" veio da palavra "fêmea", "mulher", e significa: alguém que luta pelas mulheres. Para muitas de nós, significa alguém que luta pelas mulheres enquanto classe e pelo desaparecimento dessa classe. Para muitas outras, significa alguém que luta pela mulher e sua defesa – pelo mito, portanto, e seu reforço. Mas por que a palavra "feminista" foi escolhida, se ela conserva pelo menos uma ambiguidade? Escolhemos nos chamar de "feministas" há 10 anos não para dar apoio ou reforçar o mito da mulher, tampouco para nos identificar com a definição que nos foi dada pelo opressor, mas para afirmar que nosso movimento teve uma história e para enfatizar o elo político com o velho movimento feminista.

Portanto, é esse movimento que podemos pôr em questão pelo significado que deu ao feminismo. Acontece que, no século passado, o feminismo não foi capaz de resolver suas contradições em assuntos como natureza/cultura, mulher/sociedade. As mulheres começaram a lutar por si mesmas como grupo e consideraram corretamente que, como resultado da opressão, compartilhavam características comuns. Para elas, no entanto, essas características eram naturais e biológicas, e não sociais, o que as levou ao ponto de adotar a teoria darwinista da evolução. Apesar disso, elas não acreditavam, como Darwin, "que as mulheres são menos evoluídas do que os homens, mas que a natureza do homem e da mulher divergiu no decorrer do processo evolutivo, e que a sociedade em geral reflete essa polarização".[15] "O erro do primeiro feminismo foi ter atacado somente a acusação darwinista de inferioridade feminina, mas aceitado os fundamentos dessa acusação — isto é, a ideia da mulher enquanto ser 'singular'."[16] Por fim, foram as mulheres acadêmicas — e não as feministas — que destruíram cientifica-mente essa teoria. Mas as primeiras feministas não conseguiram enxergar a história como um processo dinâmico que se desen-volve a partir de conflitos de interesses. Ademais, elas ainda acreditavam, assim como os homens, que a causa (origem) de sua opressão estava nelas mesmas. Portanto, depois de algumas vitórias impressionantes, as feministas dessa primeira onda se viram em um impasse diante da falta de razões para lutar. Elas sustentaram o princípio ilógico de "igualdade na diferença", uma ideia que agora está nascendo de novo. Elas caíram na armadilha que nos ameaça mais uma vez: o mito da mulher.

Desse modo, é nossa e somente nossa a tarefa histórica de definir em termos materialistas o que chamamos de opressão, para deixar claro que as mulheres são uma classe, o que equiva-le a dizer que tanto "mulher" quanto "homem" são categorias políticas e econômicas, não categorias eternas. Nossa luta visa suprimir os homens enquanto classe, por meio de uma luta não genocida, mas política. Quando a classe "homens" desaparecer,

---

[15] ROSENBERG, Rosalind. In Search of Woman's Nature. *Feminist Studies*, v. 3, n. 1-2, 1975. p. 144.

[16] ROSENBERG, 1975, p. 146.

as "mulheres" como classe também desaparecerão, pois não há escravo sem senhor. Nossa primeira tarefa, ao que parece, é fazer sempre uma distinção completa entre as "mulheres" (a classe dentro da qual lutamos) e a "mulher", o mito. Pois a "mulher" não existe para nós: é apenas uma formação imaginária, enquanto as "mulheres" são produto de uma relação social. Sentimos isso nitidamente quando recusamos em todo lugar o rótulo de "movimento de libertação *da mulher*". Além disso, temos de destruir o mito dentro e fora de nós mesmas. "Mulher" não é cada uma de nós, mas sim a formação política e ideológica que nega "mulheres" (o produto de uma relação de exploração). A "mulher" existe para nos confundir, para ocultar a realidade das "mulheres". Para tomar consciência de que somos uma classe e nos tornarmos uma classe, temos primeiramente de matar o mito da "mulher", incluindo seus aspectos mais sedutores (penso em Virginia Woolf quando diz que a primeira tarefa de uma mulher escritora é matar "o anjo do lar"). Mas isso não quer dizer que seja preciso nos suprimirmos como indivíduos para nos tornarmos uma classe. Como ninguém pode ser reduzido à sua opressão, vemo-nos confrontadas com a necessidade histórica de nos constituirmos como sujeitos individuais de nossa história. Acredito que essas tentativas de criar "novas" definições da mulher estejam florescendo justamente por isso. O que está em jogo (e, é claro, não somente para as mulheres) é tanto uma definição de indivíduo quanto uma definição de classe. Pois, uma vez que se reconhece a opressão, é preciso conhecer e experimentar o fato de que é possível se constituir como sujeito (contrário de objeto de opressão), que é possível se tornar *alguém* apesar da opressão, que cada pessoa tem a própria identidade. Não há luta possível para pessoas destituídas de identidade e sem motivação interna para lutar, pois, ainda que só seja possível lutar com outras pessoas, primeiramente eu luto por mim mesma.

A questão do sujeito individual é historicamente difícil para todos. O marxismo, último avatar do materialismo, a ciência que nos formou politicamente, não quer saber de nada que tenha a ver com "sujeito". O marxismo rejeitou o sujeito transcendental, o sujeito como constitutivo de conhecimento, a consciência "pura". Tudo o que pensa *per se*, antes de toda experiência, foi parar na lixeira da história, pois alegou existir fora da matéria, ser anterior à matéria, e necessitava de um Deus, um espírito ou uma alma para existir. Isso é o que se chama "idealismo". Quanto aos indivíduos, eles não passam de produto das relações sociais; logo, suas consciências só podem estar "alienadas". (Marx, em *A ideologia alemã*, diz precisamente que indivíduos da classe dominante também são alienados, embora sejam produtores diretos das ideias que alienam as classes oprimidas por eles. Mas, como tiram vantagens visíveis de sua própria alienação, eles a suportam sem sofrer muito.) Existe consciência de classe, mas uma consciência que não se refere a um sujeito particular, exceto o que participa de condições gerais de exploração ao mesmo tempo que outros sujeitos de sua classe, todos compartilhando a mesma consciência. Quanto aos problemas práticos de classe – exteriores aos problemas de classe na definição tradicional – que poderíamos encontrar (por exemplo, problemas sexuais), eles eram considerados problemas "burgueses" que desapareceriam com a vitória final da luta de classes. "Individualista", "subjetivista", "pequeno-burguesa" – esses eram os rótulos dados a qualquer pessoa que demonstrasse ter problemas que não pudessem ser reduzidos à própria "luta de classes".

Assim, o marxismo negou aos membros das classes oprimidas o atributo de ser um sujeito. Ao fazer isso, o marxismo, por causa do poder político e ideológico que essa "ciência revolucionária" exerceu imediatamente no movimento dos trabalhadores e em todos os outros grupos políticos, impediu todas as categorias de povos oprimidos de se constituírem historicamente como sujeitos (sujeitos de sua luta, por exemplo). Isso significa que as "massas" não lutaram por si, mas sim para *o* partido ou suas organizações. E, quando aconteceu uma transformação econômica (fim da propriedade privada, constituição do Estado socialista), não houve mudança revolucionária alguma dentro da nova sociedade, pois as pessoas em si não mudaram.

Para as mulheres, o marxismo trouxe dois resultados. Impediu-as de tomarem consciência de que são uma classe, e por isso também as impediu, por um período muito longo, de se constituírem enquanto classe, deixando a relação "homem/mulher" de fora da ordem social, tornando-a uma relação natural – sem dúvida a única a ser vista dessa maneira pelos marxistas, junto com a relação das mães com os filhos – e escondendo o conflito de classe entre homens e mulheres atrás de uma divisão natural do trabalho (*A ideologia alemã*). Isso se refere ao nível teórico (ideológico). No nível prático, Lenin, *o* partido, todos os partidos comunistas até agora, incluindo todos os grupos políticos mais radicais, sempre reagiram a qualquer tentativa por parte das mulheres de refletir e formar grupos fundados em seu próprio problema de classe, acusando-as de divisionismo. Ao nos unirmos, nós, mulheres, estamos dividindo a força do povo. Isso significa que, para os marxistas, as mulheres *pertencem* ou à classe burguesa ou à classe proletária – em outras palavras, aos homens dessas classes. Além disso, a teoria marxista não permite às mulheres, assim como não permite às outras classes oprimidas, constituir-se enquanto sujeitos históricos, pois o marxismo não leva em conta o fato de que uma classe também consiste de indivíduos um a um. Consciência de classe não é suficiente. Temos de tentar entender filosoficamente (politicamente) esses conceitos de "sujeito" e "consciência de classe" e como eles funcionam em relação à nossa história. Quando descobrimos que as mulheres são objeto de opressão e apropriação, no momento exato em que nos tornamos capazes de perceber isso, tornamo-nos sujeitos no sentido de sujeitos cognitivos, por meio de uma operação de abstração. A consciência da opressão não é somente uma reação à (luta contra a) opressão. Também é a reavaliação conceitual completa do mundo social, sua reorganização completa com novos conceitos, do ponto de vista da opressão. É o que eu chamaria de ciência da opressão criada pelo oprimido. Essa operação de entender a realidade tem de ser feita por cada uma de nós: vamos chamá-la de prática subjetiva, cognitiva. O movimento de ir e vir entre os níveis de realidade (a realidade conceitual e a realidade material da opressão, que são realidades sociais) é realizado por meio da linguagem.

Somos nós que, historicamente, temos de cumprir a tarefa de definir o sujeito individual em termos materialistas. Isso certamente parece uma impossibilidade, já que materialismo e subjetividade sempre foram mutuamente excludentes. Não obstante, e em vez de temer nunca conseguir entender, devemos reconhecer a *necessidade* de encontrar subjetividade no abandono por muitas de nós do mito da "mulher" (pelo fato de ser ele somente uma armadilha que nos paralisa). Essa necessidade real de que todos existam como indivíduos, além de como membros de uma classe, talvez seja a principal condição para se realizar uma revolução, sem a qual não pode haver luta nem transformação real. Mas o contrário também é verdadeiro: sem classe e sem consciência de classe não existem sujeitos reais, somente indivíduos alienados. As mulheres responderem à pergunta do sujeito individual em termos materialistas significa primeiramente mostrar, como fizeram as lésbicas e feministas, que problemas supostamente "subjetivos", "individuais", "privados" são, na realidade, problemas sociais, problemas de classe; e que a sexualidade não é, para as mulheres, uma expressão individual e subjetiva, mas uma instituição social de violência. Mas, uma vez que tenhamos demonstrado que todos os problemas supostamente pessoais na realidade são problemas de classe, ainda nos restará responder à questão do sujeito de cada mulher singular – não o mito, mas cada uma de nós. Neste ponto, digamos que uma nova definição pessoal e subjetiva para toda a humanidade só pode ser encontrada para além das categorias do sexo (homem e mulher), e que o advento dos sujeitos individuais necessita que primeiramente se destruam as categorias de sexo, dando fim ao seu uso, e se rejeitem todas as ciências que ainda usam essas categorias como fundamento (praticamente todas as ciências sociais).

Destruir a "mulher" não significa que tenhamos o objetivo, tudo, menos a destruição física, de destruir o lesbianismo simulta-neamente às categorias do sexo, porque o lesbianismo oferece, temporariamente, a única forma social em que podemos viver de modo livre. Lésbica é o único conceito que conheço que está além das categorias do sexo (homem e mulher), porque o sujeito em questão (lésbica) *não* é uma mulher, seja em termos econô-micos, seja em termos políticos ou ideológicos. Pois o que faz da mulher uma mulher é a relação social específica a um homem, uma relação à qual chamamos anteriormente de servidão,[17] uma relação que implica obrigação pessoal e física, assim como obriga-ção econômica ("residência forçada",[18] corveia doméstica, deveres conjugais, produção ilimitada de filhos, etc.), uma relação da qual as lésbicas fogem pela recusa de se tornarem ou permanecerem

---

[17] Em um artigo publicado em *L'Idiot Internacional* (maio de 1970), cujo título original era "Pour un mouvement de libération des femmes" ("Por um movimento de libertação das mulheres").

[18] ROCHEFORT, Christiane. *Les Stances à Sophie*. Paris: Grasset, 1963.

heterossexuais. Somos foragidas de nossa classe da mesma forma que os escravos fugidos norte-americanos quando escapavam da escravidão e se tornavam livres. Para nós, essa é uma necessidade absoluta; nossa sobrevivência exige que usemos toda nossa força para contribuir com a destruição da classe das mulheres na qual os homens se apropriam das mulheres. Só podemos conquistar isso destruindo a heterossexualidade como sistema social fundado na opressão das mulheres pelos homens e que produz a doutrina da diferença entre os sexos para justificar essa opressão.

O PENSAMENTO HÉTERO[1]

NOS ÚLTIMOS ANOS, EM PARIS, a linguagem como fenômeno domi-
nou os sistemas teóricos modernos e as ciências sociais e adentrou
as discussões políticas dos movimentos de libertação de lésbicas
e mulheres. Isso ocorreu porque a linguagem está ligada a um
importante campo político em que o que está em jogo é o poder,
ou, mais do que isso, uma rede de poderes, já que há uma multiplicidade de linguagens que atua constantemente sobre a realidade
social. A importância da linguagem em si como problema político
só apareceu recentemente.[2] Mas o imenso desenvolvimento da
linguística, a multiplicação das escolas de linguística, o advento
das ciências da comunicação e o rigor técnico das metalinguagens
que essas ciências utilizam representam os sintomas da importância dessa questão política. A ciência da linguagem invadiu

---

[1] Este texto foi lido pela primeira vez em Nova York, na convenção da
Modern Language Association, em 1978, e dedicado às lésbicas norte-
americanas. [Publicado pela primeira vez na revista *Feminist Issues*,
v. 1, n. 1, 1980. (N.E.)]

[2] No entanto, os gregos clássicos sabiam que não havia poder político
sem o domínio da arte da retórica, especialmente em uma democracia.

outras ciências, como a antropologia, por meio de Lévi-Strauss, a psicanálise, por meio de Lacan, e todas as disciplinas que se desenvolveram com base no estruturalismo.

Em sua fase inicial, a semiologia de Roland Barthes quase escapou da dominação linguística para se tornar uma análise política dos diferentes sistemas de signos, para estabelecer uma relação entre este ou aquele sistema de signos – por exemplo, os mitos da pequena burguesia – e a luta de classes dentro do capitalismo que esse sistema tende a ocultar. Seria uma salvação, pois a semiologia política é uma arma (um método) necessária para analisar o que se chama de ideologia. Mas o milagre durou pouco. Em vez de introduzir na semiologia conceitos que são exteriores a ela – nesse caso, conceitos marxistas –, Barthes logo declarou que a semiologia era somente um ramo da linguística, e que a linguagem era seu único objeto.

Consequentemente, o mundo inteiro não passa de um gran-de arquivo em que se inscrevem as linguagens mais diversas, tais como a linguagem do Inconsciente,[3] a linguagem da moda, a linguagem da troca de mulheres,[4] em que os seres humanos são literalmente os signos da comunicação. Essas linguagens, ou melhor, esses discursos, encaixam-se uns nos outros, interpene-tram-se, apoiam-se, reforçam-se, engendram a si mesmos e aos outros. A linguística engendra a semiologia e a linguística estru-tural, a linguística estrutural engendra o estruturalismo, que, por sua vez, engendra o Inconsciente Estrutural. O conjunto desses

---

[3] Durante todo o ensaio, ao me referir ao "Inconsciente" de Lacan, usarei o termo com inicial maiúscula, como fazia o autor.

[4] Uso de mulheres como moeda de troca, segundo Lévi-Strauss, elemento fundamental para o funcionamento da sociedade. Consiste no trata-mento patriarcal da mulher como propriedade, dada a outros homens (especialmente em matrimônio) com o objetivo de consolidar alianças. Ver mais a este respeito em "Do contrato social". (N.E.)

discursos gera uma interferência que confunde os oprimidos, que os faz perder de vista a causa material de sua opressão e os lança numa espécie de vácuo a-histórico.

Pois eles produzem uma leitura científica da realidade social em que seres humanos são dados como invariantes, intocados pela história e não trabalhados pelos conflitos de classe, com psiques que são idênticas por terem sido geneticamente programadas. Essa psique, igualmente intocada pela história e não trabalhada por conflitos de classe, fornece aos especialistas, desde o início do século XX, todo um arsenal de invariantes: linguagem simbólica que funciona, muito vantajosamente, com pouquíssimos elementos, já que, assim como dígitos (0-9), os símbolos produzidos "inconscientemente" pela psique não são muito numerosos. Portanto, é muito simples impor esses símbolos ao inconsciente coletivo e individual por meio de terapia e teorização. Aprendemos que o Inconsciente tem o extremo bom gosto de se estruturar a partir de metáforas, como o nome-do-pai, o complexo de Édipo, a castração, o assassinato-ou-morte-do-pai, a troca de mulheres, etc. No entanto, se o Inconsciente é fácil de controlar, não o é por qualquer pessoa. Semelhantemente a revelações místicas, a aparição de símbolos na psique exige múltiplas interpretações. Somente especialistas conseguem decifrar o Inconsciente. Somente eles, os psicanalistas, têm permissão (autorização?) para organizar e interpretar manifestações psíquicas que revelarão o símbolo em seu significado pleno. E, embora a linguagem simbólica seja extremamente pobre e essencialmente lacunar, as linguagens ou metalinguagens que a interpretam estão se desenvolvendo, cada uma delas, com uma riqueza e uma ostentação equiparáveis apenas às da exegese teológica da Bíblia.

Quem deu aos psicanalistas seu conhecimento? Por exemplo, para Lacan, tanto o que ele chama de "discurso psicanalítico" quanto a "experiência analítica" lhe "ensinam" o que ele já sabe.

E cada um lhe ensina o que o outro ensinou. Todavia, é possível negar que Lacan tenha descoberto cientificamente, por meio da "experiência analítica" (um experimento, de alguma maneira), as estruturas do Inconsciente? Seremos irresponsáveis a ponto de desprezar o discurso das pessoas analisadas que se deitam nos divãs? Em minha opinião, não há dúvida de que Lacan tenha encontrado no Inconsciente as estruturas que ele disse ter encontrado – afinal, ele mesmo as havia colocado ali antes. As pessoas que não incorreram nos poderes da instituição psicanalítica podem vivenciar um sentimento incomensurável de tristeza diante do grau de opressão (ou manipulação) demonstrado pelos discursos psicanalisados. Na experiência analítica, há uma pessoa oprimida, o analisado, cuja necessidade de comunicação é explorada e que (assim como as bruxas podiam, sob tortura, simplesmente repetir a linguagem que os inquisidores queriam ouvir) não tem escolha (se não quiser romper o contrato implícito que lhe permite se comunicar e do qual necessita) além de tentar dizer o que deve dizer. Dizem que isso pode durar uma vida inteira – um contrato cruel que constrange um ser humano a expor sua angústia a um opressor que é diretamente responsável por ela, que o explora econômica, política e ideologicamente e cuja interpretação reduz essa angústia a algumas figuras de linguagem.

Mas será que essa necessidade de comunicação que o contrato subentende só pode ser satisfeita por meio da situação psicanalítica, pela cura ou pela "experimentação"? Se acreditarmos nos depoimentos[5] recentes de lésbicas, feministas e homens gays, a resposta é não. Todos os seus depoimentos enfatizam a importância política da impossibilidade que lésbicas, feministas e homens gays enfrentam para se comunicar na sociedade heteronormativa,

---

[5] Ver, por exemplo, JAY, Karla; YOUNG, Allen (Ed.). *Out of the Closets*. New York: Links Books, 1972.

exceto com um psicanalista. Quando se compreende a conjuntura geral (não temos doença alguma nem nada para ser curado, o que temos é um inimigo), o resultado é que a pessoa oprimida quebra o contrato psicanalítico. Isso é o que aparece nos depoimentos, junto com a lição de que o contrato psicanalítico não era um contrato consensual, mas sim um contrato forçado.

Os discursos que oprimem particularmente a todos nós, lésbicas, mulheres e homens homossexuais, são os que pressupõem que o fundamento da sociedade, qualquer sociedade, é a heterossexualidade.[6] Esses discursos falam sobre nós e alegam dizer a verdade em um campo apolítico, como se todos os signos desse campo pudessem escapar do político neste momento da história e como se, no que diz respeito a nós, pudessem existir signos politicamente insignificantes. Esses discursos de heterossexualidade nos oprimem uma vez que nos impedem de falar a não ser que falemos nos termos deles. Tudo que os coloca em questão é imediatamente tido como rudimentar. Nossa recusa da interpretação totalizante da psicanálise faz os teóricos dizerem que negligenciamos a dimensão simbólica. Esses discursos nos negam todas as possibilidades de criar nossas próprias categorias. Mas sua ação mais feroz é a tirania impiedosa que exercem sobre nossa pessoa, em termos tanto físicos quanto mentais.

Quando usamos "ideologia", termo para lá de generalizador, para designar todos os discursos do grupo dominante, relegamos esses discursos ao domínio das Ideias Irreais; esquecemo-nos da violência material (física) que eles exercem diretamente sobre os oprimidos, uma violência produzida pelos discursos abstratos e "científicos", assim como pelos discursos da mídia de massa. Insisto nessa opressão material dos indivíduos pelos discursos e

---

[6] A palavra "heterossexualidade" aparece pela primeira vez na língua francesa em 1911.

gostaria de sublinhar seus efeitos imediatos tomando o exemplo da pornografia.

Imagens, filmes, fotos de revista, cartazes publicitários nos muros das cidades com conteúdo pornográfico constituem um discurso, e esse discurso cobre nosso mundo com seus signos, e esse discurso tem um fundamento: ele significa que as mulheres são dominadas. Os semiólogos podem interpretar o sistema com esse discurso, podem descrever sua disposição. O que eles leem nesse discurso são signos cuja função não é significar e que não têm nenhuma *raison d'être*[7] exceto a de serem elementos de certo sistema ou disposição. Mas, para nós, esse discurso não está separado do real como está para os semiólogos. Além de manter relações muito próximas com a realidade social que é a nossa opressão (econômica e política), esse discurso é em si real, pois é um dos aspectos da opressão, já que exerce um poder preciso sobre nós. O discurso pornográfico é uma das estratégias de violência exercidas sobre nós: ele humilha, degrada, é um crime contra nossa "humanidade". Como tática de assédio, ele tem outra função, a de aviso. Ele nos manda manter a compostura e policia quem tende a se esquecer de seu lugar; ele apela ao medo. Esses mesmos especialistas em semiótica mencionados anteriormente nos repreendem por confundir, quando nos manifestamos contra a pornografia, os discursos com a realidade. Eles não veem que esse discurso *é* a realidade para nós, uma das facetas da realidade de nossa opressão. Eles acreditam que nos equivocamos em nosso nível de análise.

Escolhi a pornografia como exemplo porque seu discurso é o mais sintomático e o mais demonstrativo da violência exercida contra nós por meio de discursos, assim como na sociedade em geral. Esse poder das ciências e das teorias de atuar material e

---

[7] Em francês no original: "razão de ser", "propósito". (N.E.)

efetivamente sobre nosso corpo e nossa mente não tem nada de abstrato, ainda que o discurso que o produz seja abstrato. Sua própria expressão é uma das formas de dominação. Eu diria, em vez disso, que é um de seus exercícios. Todos os oprimidos conhecem esse poder e tiveram de lidar com ele. É aquele que diz: você não tem o direito à fala porque seu discurso não é científico nem teórico, você está no nível de análise errado, você está confundindo discurso e realidade, seu discurso é ingênuo, você entendeu errado esta ou aquela ciência.

Se o discurso dos sistemas teóricos modernos e das ciências sociais exerce um poder sobre nós, é porque ele trabalha com conceitos que nos tocam de perto. Apesar do advento histórico dos movimentos de libertação de lésbicas, feministas e gays, cujas articulações já conseguiram abalar as categorias filosóficas e políticas dos discursos das ciências sociais, suas categorias (dessa forma, brutalmente postas em questão) ainda são utilizadas sem questionamento pela ciência contemporânea. Elas funcionam como conceitos primitivos de um conglomerado de todo tipo de disciplinas, teorias e ideias atuais, ao qual chamarei de pensamento hétero[8] (ver *O pensamento selvagem*, de Claude Lévi-Strauss). Elas dizem respeito a "mulher", "homem", "sexo", "diferença" e toda a série de conceitos que leva essa marca, incluindo "história", "cultura" e "real". E, por mais que se admita nos últimos anos que não existe natureza, que tudo é cultura,

---

[8] O livro foi publicado em inglês como *The Straight Mind* e em francês como *La Pensée straight*. Ambos os títulos ecoam, como diz a autora, *O pensamento selvagem*, de Lévi-Strauss. A preservação de *"straight"* no título em francês traz à tona a ligação de Monique Wittig com os estudos norte-americanos sobre gênero na época. Importante ressaltar que *"straight"* designa, entre outras coisas, o que é reto, padrão, direito, convencional, que segue determinada ordem e que faz parte do tradicional. (N.E.)

permanece dentro dessa cultura uma essência de natureza que resiste quando é posta à prova, uma relação excluída do social na análise – uma relação cuja característica é a inevitabilidade na cultura, assim como na natureza: a relação heterossexual. Vou chamá-la de relação social obrigatória entre "homem" e "mulher" (aqui me refiro a Ti-Grace Atkinson e sua análise da relação sexual como instituição[9]). Por seu caráter irrefutável, como conhecimento, como princípio óbvio, como um dado anterior a qualquer ciência, o pensamento hétero desenvolve uma interpretação totalizante da história, da realidade social, da cultura, da linguagem e de todos os fenômenos subjetivos ao mesmo tempo. Só tenho a sublinhar o caráter opressor de que o pensamento hétero se reveste em sua tendência de universalizar imediatamente sua produção de conceitos e torná-los leis gerais que seriam verdadeiras para todas as sociedades, todas as épocas, todos os indivíduos. Desse modo, menciona-se *a* troca de mulheres, *a* diferença entre os sexos, *a* ordem simbólica, *o* Inconsciente, Desejo, *Jouissance*,[10] Cultura, História, dando sentido absoluto a esses conceitos, quando são apenas categorias fundadas na heterossexualidade, ou pensamento que produz as diferenças entre os sexos como dogma político e filosófico.

A consequência dessa tendência à universalidade é que o pensamento hétero não consegue conceber uma cultura, uma sociedade em que a heterossexualidade não ordene não só todas as relações humanas, mas também sua própria produção de conceitos e todos os processos que fogem do consciente. Além disso, esses processos inconscientes se tornam, historicamente, cada vez mais imperativos naquilo que nos ensinam sobre nós

---

[9] ATKINSON, Ti-Grace. *Amazon Odyssey*. New York: Links Books, 1974. p. 13-23.

[10] Em francês no original: "Gozo", "Prazer". (N.E.)

mesmas por meio dos especialistas. A retórica que os expressa (e cuja sedução eu não subestimo) se reveste de mitos, recorre ao mistério, opera acumulando metáforas, e sua função é poetizar o caráter obrigatório do "serás-hétero-ou-não-serás".

Nesse pensamento, rejeitar a obrigação do coito e as instituições que essa obrigação produziu como necessárias para a constituição de uma sociedade é simplesmente uma impossibilidade, já que fazer isso significaria rejeitar a possibilidade da constituição do outro, e rejeitar a "ordem simbólica" impossibilita a constituição do significado, sem o qual ninguém mantém uma coerência interna. Assim, o lesbianismo, a homossexualidade e as sociedades que formamos não podem ser pensadas ou discutidas, embora tenham sempre existido. Dessa forma, quando pensada pelo pensamento hétero, a homossexualidade não é nada mais do que heterossexualidade.

Sim, a sociedade hétero é baseada na necessidade do diferente/outro em todos os níveis. Ela não funciona econômica, simbólica, linguística ou politicamente sem esse conceito. Essa necessidade do diferente/outro é ontológica para todo o conglomerado de ciências e disciplinas que chamo de pensamento hétero. Mas o que é o diferente/outro senão o dominado? Pois a sociedade heterossexual é a sociedade que não oprime somente lésbicas e homens gays, mas também oprime muitos diferentes/outros, oprime todas as mulheres e muitas categorias de homens, todos os que estão em posição de serem dominados. Constituir a diferença e controlá-la é um "ato de poder, já que é essencialmente um ato normativo. Todo mundo tenta mostrar o outro como diferente. Mas nem todo mundo consegue. É preciso ser socialmente dominante para isso".[11]

---

[11] FAUGERON, Claude; ROBERT, Philippe. *La Justice et son public et les représentations sociales du système pénal*. Paris: Masson, 1978.

Por exemplo, o conceito de diferença entre os sexos constitui ontologicamente as mulheres em diferentes/outros. Os homens não são diferentes, tampouco os brancos e os senhores. Diferentes são os negros e os escravos. Essa característica ontológica da diferença entre os sexos afeta todos os conceitos que fazem parte do mesmo conglomerado. Mas, para nós, não há ser-mulher ou ser-homem. "Homem" e "mulher" são conceitos políticos de oposição, e a cópula que os une dialeticamente é a mesma que os elimina.[12] É o conflito de classe entre homens e mulheres que vai abolir os homens e as mulheres.[13] O conceito de diferença não tem nada de ontológico. Ele é apenas o modo como os senhores interpretam uma situação histórica de dominação. A função da diferença é mascarar, em todos os níveis, os conflitos de interesse, inclusive os ideológicos.

Em outras palavras, para nós, isso significa que não pode mais haver mulheres e homens, e que, como classes e categorias de pensamento ou linguagem, elas têm de desaparecer política, econômica e ideologicamente. Se nós, lésbicas e gays, continuamos a falar de nós e a nos conceber como mulheres e homens, contribuímos para a manutenção da heterossexualidade. Tenho certeza de que uma transformação econômica e política não vai desdramatizar essas categorias de linguagem. É possível redimir a palavra "escravo"? E *"nigger"*, *"negress"*? No que "mulher"

---

[12] Para a definição de "sexo social", ver MATHIEU, Nicole-Claude. Notes pour une définition sociologique des catégories de sexe. *Epistémologie Sociologique*, n. 11, 1971. Traduzido para o inglês como "Ignored by Some, Denied by Others: The Social Sex Category in Sociology" (panfleto) e publicado em *Explorations in Feminism 2*. London: Women's Research and Resources Centre Publications, 1977. p. 16-37.

[13] Assim como em todas as outras lutas de classe, a luta cujo objetivo é fazer com que as categorias de oposição desapareçam acaba por "conciliá-las".

seria diferente? Vamos continuar a escrever "branco", "senhor", "homem"? A transformação das relações econômicas não será suficiente. Temos de produzir uma transformação política dos conceitos centrais, quer dizer, dos conceitos que nos são estratégicos. Pois há outra ordem de materialidade, a da linguagem, e a linguagem é trabalhada internamente por esses conceitos estratégicos. Ela é, ao mesmo tempo, ligada intimamente ao campo político, no qual tudo o que tem a ver com linguagem, ciência e pensamento se refere à pessoa enquanto subjetividade, e à sua relação com a sociedade. Não podemos deixar que isso fique nas mãos do pensamento hétero ou do pensamento de dominação.

Se entre todas as produções do pensamento hétero eu questiono especialmente os modelos do Inconsciente Estrutural, isso ocorre porque: no momento histórico em que que a dominação de grupos sociais não pode mais se apresentar como uma necessidade lógica aos dominados – porque eles se revoltam, porque questionam as diferenças –, Lévi-Strauss, Lacan e seus epígonos apelam a necessidades que escapam ao controle da consciência e, portanto, à responsabilidade dos indivíduos.

Eles apelam a processos inconscientes, por exemplo, que exigem a troca de mulheres como condição necessária para todas as sociedades. É isso que o inconsciente nos diz com autoridade, segundo eles, e disso depende a ordem simbólica, sem a qual não há significado, não há linguagem, não há sociedade. Mas o que significa as mulheres serem trocadas, senão o fato de que são dominadas? Não surpreende que exista somente um Inconsciente e que ele seja heterossexual. Um Inconsciente que zela com consciência demais pelos interesses dos senhores[14] em que habita para que eles sejam destituídos tão facilmente de seus conceitos.

---

[14] Será que os milhões de dólares que os psicanalistas ganham por ano são simbólicos?

Além do mais, nega-se a dominação; não há escravidão de mulheres, não há diferença. A isso respondo com esta declaração feita publicamente por um camponês romeno em 1848: "Por que os senhores dizem que não foi escravidão se sabemos que foi escravidão essa dor que nos dói?". Sim, nós sabemos, e esse conhecimento da opressão não pode ser subtraído de nós.

É a partir daí que temos de rastrear a obviedade heterossexual e (parafraseando o primeiro Roland Barthes) não tolerar "ver Natureza e História a todo momento confundidas".[15] Temos de deixar brutalmente em evidência que a psicanálise depois de Freud, e em particular, depois de Lacan, transformou, de modo rigoroso, seus conceitos em mitos – Diferença, Desejo, Nome-do-Pai, etc. Eles "hipermitificaram" os mitos, uma operação necessária para heterossexualizar sistematicamente aquela dimensão pessoal que de repente emergiu no campo histórico por meio dos indivíduos dominados, em especial por meio das mulheres, que começaram sua luta há quase dois séculos. E isso foi feito sistematicamente, em um concerto de interdisciplinaridade, de modo algum tão harmonioso quanto quando os mitos heterossexuais começaram a circular com facilidade de um sistema formal a outro, como valores garantidos que podem ser empregados tanto na antropologia quanto na psicanálise e em todas as ciências sociais.

Esse conjunto de mitos heterossexuais é um sistema de signos que usa figuras de linguagem e por isso pode ser estudado politicamente a partir da ciência de nossa opressão; "pois-sabemos-que--foi-escravidão" é a dinâmica que introduz a diacronia da história no discurso fixo de essências eternas. Esse empreendimento

---

[15] BARTHES, Roland. *Mitologias*. Tradução de Rita Buongermino, Pedro de Souza e Rejane Janowitzer. 4. ed. Rio de Janeiro: DIFEL, 2009. p. 11.

deveria de alguma maneira ser uma semiologia política, embora com "essa dor que nos dói" estejamos trabalhando também no nível da linguagem/manifesto, da linguagem/ação, aquela que transforma, aquela que faz história.

Enquanto isso, graças à nossa ação e à nossa linguagem, há mudanças ocorrendo nos sistemas que pareciam tão eternos e universais que se podiam extrair leis a partir deles – leis que podiam ser introjetadas em computadores e, em todo caso, por ora, também na máquina inconsciente. Um modelo como a troca de mulheres, por exemplo, engole a história de forma tão violenta e brutal que todo o sistema, que parecia ser formal, entra em colapso e se torna outra dimensão do conhecimento. Essa dimensão da história pertence a nós, já que de certa forma fomos designadas a ela; e já que – como afirmou Lévi-Strauss – falamos, digamos que rompemos o contrato heterossexual.

Então, isso é o que as lésbicas dizem em toda parte neste e noutros países, quando não com teorias, pelo menos por meio de sua prática social, cujas repercussões na cultura hétero e na sociedade ainda não podemos vislumbrar. Um antropólogo diria que teremos de esperar 50 anos. Sim, se a ideia for universalizar o funcionamento dessas sociedades e fazer suas invariantes aparecerem. Enquanto isso, os conceitos hétero são minados. O que é a mulher? Pânico, alarme geral de defesa ativa. Francamente, esse é um problema que as lésbicas não têm, graças a uma mudança de perspectiva, e seria incorreto dizer que as lésbicas se associam, fazem amor, vivem com mulheres, pois "a mulher" só tem significado nos sistemas heterossexuais de pensamento e nos sistemas econômicos heterossexuais. Lésbicas não são mulheres.

DO CONTRATO SOCIAL[1]

ASSUMI A DIFÍCIL TAREFA DE ANALISAR e reavaliar a noção de contrato social, entendida como uma noção de filosofia política. Ela nasceu durante os séculos XVII e XVIII, e também dá título a um livro de Jean-Jacques Rousseau.[2] Marx e Engels a criticaram por não ser relevante em termos de luta de classes e, portanto, não ser um problema do proletariado. Em *A ideologia alemã*, eles explicam que a classe proletária, dada sua relação com a produção e o trabalho, só pode confrontar a ordem social enquanto conjunto, como um todo, e que sua única opção é destruir o Estado. Na opinião deles, o termo "contrato social", que implica uma noção de escolha individual e associação voluntária, poderia, talvez, ser aplicado aos servos. Pois, ao longo de vários séculos, eles se libertaram um por um, fugindo da terra à qual pertenciam. E foi também um por

---

[1] Texto publicado pela primeira vez em *Feminist Issues*, v. 9, n. 1, 1989. (N.E.)

[2] ROUSSEAU, Jean-Jacques. *Do contrato social*. Tradução de Eduardo Brandão. São Paulo: Companhia das Letras, 2011.

um que os servos se associaram para formar cidades, daí seu nome, *bourgeois*[3] (pessoas que formaram um burgo).[4] (Parece que enquanto Rousseau desenvolvia a ideia do contrato social, a história a tornou obsoleta – mas não sem que algumas de suas proposições fossem adotadas sem emendas pela Assembleia Revolucionária da França.)

Sempre pensei que as mulheres fossem uma classe estrutura-da do mesmo modo que a classe dos servos. Agora vejo que elas só podem se desvencilhar da ordem heterossexual fugindo uma por uma. Isso explica meu interesse pela noção pré-industrial do contrato social. Pois a estrutura da nossa classe em termos mundiais é feudal em essência e mantém lado a lado e nas mesmas pessoas formas de produção e de exploração que são capitalistas e pré-capitalistas ao mesmo tempo.[5]

Em linhas gerais, esse é um dos aspectos da minha tarefa. Outro aspecto tem a ver com a linguagem. Pois, para um escri-tor, a linguagem oferece um material muito concreto em que se prender. Parece-me que o primeiro contrato social, permanente, definitivo, é a linguagem. O acordo básico entre seres humanos, o que de fato os torna humanos e sociais, é a linguagem. A his-tória da Torre de Babel é uma ilustração perfeita do que acontece quando o acordo se rompe.

---

[3] Em francês no original: "burguês". (N.E.)

[4] GUILLAUMIN, Colette. Pratique du pouvoir et idée de Nature: 1. L'appropriation des femmes; 2. Le discours de la Nature. *Questions Féministes*, n. 2-3, 1978. Traduzido para o inglês como "The Practice of Power and Belief in Nature: 1. The Appropriation of Women; 2. The Naturalist Discourse" e publicado em *Feminist Issues*, v. 1, n. 2-3, 1981.

[5] Ver PETER, Colette Capitan. A Historical Precedent for Patriarchal Oppression: "The Old Regime" and the French Revolution. *Feminist Issues*, v. 4, n. 1, 1984, p. 83-89.

Por haver usado o termo "contrato heterossexual"[6] diversas vezes em meus escritos anteriores, e também por ter falado do "contrato social como heterossexual", assumi como tarefa refletir sobre a noção de contrato social. Por que essa noção é tão convincente, apesar de ter sido supostamente abandonada pela ciência e pela história modernas? Por que ela reverbera aqui e agora, distante de seu impulso inicial durante o Iluminismo do século XVIII? Por que ao mesmo tempo proclamei com veemência que deveríamos romper o contrato social heterossexual? A questão geral do contrato social, na medida em que ele engloba todas as atividades, o pensamento e as relações humanas, é uma questão filosófica que estará sempre presente enquanto a "humanidade que nasceu livre [...] estiver em toda parte acorrentada", como disse Rousseau. A promessa de que o contrato social é para o bem de todos e de cada um ainda pode ser objeto de investigação filosófica, e, como ele não foi atingido pela história, sua dimensão utópica permanece. Assim formulada em seu aspecto geral, a questão se estende a toda a humanidade. Quando digo da necessidade de rompermos o contrato heterossexual em si, eu me refiro especificamente ao grupo "mulheres", o que não equivale a dizer que devamos romper o contrato social em si, o que seria um absurdo. O que devemos romper é seu aspecto heterossexual. Apoiando-me numa investigação filosófica sobre o que um contrato social bem arranjado poderia fazer por nós, meu intuito é confrontar as condições históricas e os conflitos históricos que podem nos levar a extinguir as obrigações que nos acorrentam sem nosso consentimento, uma vez que não usufruímos do compromisso recíproco que seria a condição necessária para a nossa liberdade, parafraseando Rousseau.

---

[6] Ver "O pensamento hétero" e "Não se nasce mulher", neste volume.

A questão do contrato social nos termos exatos de Jean-Jacques Rousseau está longe de ficar obsoleta, pois nunca foi levada adiante no que diz respeito à sua dimensão filosófica. A questão dos sexos, que em si delineou muito estreitamente o modelo geral de sociedade, abrange e incorpora a ideia geral do contrato social, se abordada a partir de um ponto de vista filosófico. Além disso, existem razões históricas para ressuscitar a noção de contrato social que têm a ver com as estruturas dos grupos de sexo e sua situação particular entre as relações de produção e de interação social.

A principal abordagem à noção de contrato social tem de ser filosófica, no sentido de que o ponto de vista filosófico permite a possibilidade de síntese, em contraposição ao ponto de vista dividido das ciências sociais.[7] Com efeito, "contrato social" é uma noção de filosofia política, a ideia abstrata de que há um pacto, um convênio, um acordo entre os indivíduos e a ordem social. A ideia nasceu com os filósofos ingleses do século XVII Thomas Hobbes (*O Leviatã*) e John Locke (*Dois tratados sobre o governo*) e com os filósofos franceses do Iluminismo, principalmente Rousseau. O surgimento da ideia, de acordo com os historiadores de ideias, foi resultado do questionamento das antigas teorias medievais sobre o Estado. Segundo elas, o Estado somente poderia ser uma teocracia, dado que todas as autoridades emanam de Deus, e os reis governam para atingir a ordem divina, visto que são reis por direito divino.

Muito antes de o "contrato social" surgir, filósofos já se debruçavam sobre a composição da sociedade. Eram aprendizes de legisladores e governantes. Refletiam sobre o melhor governo e a cidade ideal. Investigavam-se, ensinavam-se e discutiam-se

---

[7] Essa declaração de Marx e Engels é particularmente relevante à situação moderna.

questões políticas como sendo filosóficas, e a política era um ramo da filosofia. Havia uma margem estreita entre suas elaborações e uma utopia, uma vez que muitos deles se depararam com problemas práticos: a convite de Dionísio, o tirano, Platão foi à corte da Sicília. Mais tarde, ele ensinou e educou o sobrinho do tirano, sucessor ao trono. Aristóteles foi preceptor de Alexandre. Plotino negociou o financiamento da construção de uma cidade ideal com outro tirano, algo que havia muito tempo já era objeto de especulação e esperança. Enredados nessa relação estreita entre especulação e governo, os filósofos deviam saber que havia um limite utópico a suas criações. Assim imagino por causa dos processos que tiveram de enfrentar na realidade quando chegaram perto demais do trono. No livro IX de *A república*, Sócrates e Glauco discutem a cidade perfeita e sua forma ideal:

> **Glauco:** Compreendo; referes-te à cidade que acabamos de fundar e que só existe em pensamento, pois não creio que se possa encontrar sobre a terra nenhuma desse jeito.
>
> **Sócrates:** Mas no céu talvez haja um modelo para quem quiser contemplá-lo e, de acordo com ele; organizar seu governo particular. É indiferente sabermos se já existe algures uma cidade assim, ou se ainda está por concretizar-se.[8]

Portanto, não admira que Rousseau, no início de *O contrato social*, dirija-se ao leitor da seguinte maneira: "Perguntarão se sou príncipe ou legislador para escrever sobre política". E Rousseau, que queria se distanciar daqueles a quem ele chamava com desprezo de filósofos, diz: "Respondo que não". Mas muitas de suas proposições foram adotadas precisamente pela Assembleia Revolucionária, sem nenhuma modificação. Talvez pareça que essas

---

[8] PLATÃO. *A República*. Tradução de Carlos Alberto Nunes. Belém: Edufpa, 2000. p. 431.

conexões diretas de filósofos com tiranos, reis e assembleias políticas pertençam ao domínio da fantasia. No entanto, devemos nos lembrar de como, mais recentemente, o presidente dos Estados Unidos John F. Kennedy pediu aos membros de seu gabinete que preparassem um relatório sobre a situação das mulheres. E a iniciativa dessas mulheres gerou uma das primeiras dissidências do movimento de libertação das mulheres, instigada por pessoas todas elas muito próximas do "trono".

Mas, se, nos primórdios da política, um filósofo como Aristóteles tinha consciência de que a sociedade era uma "combinação", uma "associação", uma "reunião", ela não consistia em associação involuntária. Para Aristóteles, a sociedade jamais poderia ser estabelecida com a concordância de todos os seus membros e para seu bem máximo, mas sim como resultado de um *coup de force*,[9] uma imposição dos mais inteligentes sobre os fisicamente mais fortes porém de mente fraca. De fato, para Aristóteles, os fortes, os poderosos, são os que têm inteligência, enquanto possuir força física recai na categoria dos fracos. Em suas palavras: "É natural [...] a união de um comandante e de um comandado para sua preservação recíproca (quem pode usar seu espírito para prever é naturalmente um comandante e naturalmente um senhor, e quem pode usar corpo para prover é comandado e naturalmente escravo); o senhor e o escravo têm, portanto, os mesmos interesses".[10] Hobbes e Locke usam os termos "aliança", "pacto", "acordo", e também Rousseau depois deles, mas este enfatiza um termo muito mais rigoroso em termos políticos: "o contrato social".

Aliança, pacto e acordo se referem a um pacto inicial que estabelece de uma vez por todas o vínculo que une o povo. De

---

[9] Em francês no original: "golpe de força", "tomada de poder". (N.E.)

[10] Ver ARISTÓTELES. *Política*. Tradução de Mário da Gama Kury. Brasília: Editora UnB, 1985. § 1252b.

acordo com Rousseau, o contrato social é a soma de convenções fundamentais que, "embora nunca tenham sido formalmente enunciadas, são em toda parte as mesmas, em toda parte tacitamente admitidas e reconhecidas".[11] O que claramente me instiga nas palavras de Rousseau é a existência real e atual do contrato social – seja qual for sua origem, ele existe aqui e agora, e por esse fato é possível entendê-lo e sofrer sua influência. Para que o contrato exista, é preciso que cada parte o reafirme em novos termos.

Só depois ele se torna uma noção instrumental no sentido de que o próprio termo lembra os contratantes de que deveriam reexaminar suas condições. A sociedade não foi feita de forma definitiva. O contrato social se submeterá às nossas ações e palavras, ainda que elas se limitem ao que disse Rousseau: "Nascido cidadão de um Estado livre […], por menor influência que minha voz possa ter nos negócios públicos, o direito que tenho de votar basta para me impor o dever de me instruir a seu respeito".[12]

Rousseau é o primeiro filósofo que não toma como pressuposto que a espinha nevrálgica do contrato social, caso exista, seja a ideia de que "o poder faz o direito" (e sob outra fraseologia pertencente à ordem consciente ou inconsciente, historiadores e antropólogos modernos parecem se render à inevitabilidade desse princípio na sociedade em nome da ciência). Nada é mais satisfatório do que o sarcasmo de Rousseau quanto ao "direito do mais forte", que ele demonstra ser uma contradição em termos. Em *O contrato social*, ele diz:

> O mais forte nunca será forte o bastante para ser sempre o amo […]. Daí o "direito do mais forte", um "direito" que parece assim considerado por ironia, mas que, na realidade,

---

[11] ROUSSEAU, 2011, [s.p.].

[12] ROUSSEAU, 2011, [s.p.].

é estabelecido em princípio. [...] Ceder à força é um ato de necessidade, não de vontade; é no máximo um ato de prudência. Em que sentido poderá ser um dever? [...] Pois a partir do momento em que é a força que funda o direito, o efeito e a causa se invertem. [...] Ora, o que é um direito que perece quando a força cessa? Se temos de obedecer por força, não precisamos obedecer por dever, e se não somos mais forçados a obedecer, não temos mais a obrigação de fazê-lo. Vê-se portanto que a palavra "direito" não acrescenta nada à "força". Ela não significa absolutamente nada neste caso.[13]

Volto à situação histórica das mulheres, que torna ao menos apropriado que elas reflitam sobre aquilo que já afetou sem consentimento sua existência. Eu não sou um príncipe, não sou um legislador, mas sim membro ativo da sociedade. Considero meu dever examinar o conjunto de regras, obrigações e restrições que a sociedade me impôs, embora as regras e obrigações me permitam ter a liberdade que não encontraria na natureza, ou, se não for o caso, afirmar em consonância com Rousseau que a sociedade nos traiu nos seguintes termos: "Fiz com você um acordo inteiramente em seu detrimento e inteiramente em meu benefício, que respeitarei enquanto me aprouver e que você respeitará enquanto me aprouver".[14] (O termo é usado aqui retoricamente, já que todos sabemos que não há como sair da sociedade.) Mas, queiramos ou não, nós vivemos na sociedade aqui e agora. Prova disso é dizermos "sim" ao vínculo social quando nos conformamos às convenções e regras que nunca foram enunciadas formalmente, mas que todos conhecem e aplicam como se fossem mágica. Prova disso é dizermos "sim" ao vínculo social quando falamos uma

---

[13] ROUSSEAU, 2011, [s.p.].

[14] ROUSSEAU, 2011, [s.p.].

língua comum, tal como fazemos agora. A maioria das pessoas não usaria o termo "contrato social" para descrever sua situação dentro da ordem social. No entanto, essas mesmas pessoas concordariam que há determinado número de atos e coisas que "devem ser feitos". "Fora da lei" e "louco" são as palavras usadas para quem se recusa a seguir as regras e convenções, e para quem se recusa a falar a linguagem comum ou não consegue usá-la. É isto que me interessa quando falo do contrato social: precisamente as regras e convenções que nunca foram enunciadas formalmente, as regras e convenções pressupostas tanto pelo pensamento científico quanto pelo povo, e que sem dúvida lhes possibilitam a vida da mesma forma que duas pernas e dois braços, ou o ar para respirar. Como estamos unidos pelo elo social, podemos considerar que cada um de nós e todos nós estamos dentro do contrato social – sendo o contrato social o fato de termos nos reunido, de estarmos juntos, de vivermos enquanto seres sociais. Essa noção é relevante para o pensamento filosófico, ainda que não seja útil para o pensamento científico, pelo fato estabelecido de que vivemos, agimos, falamos, trabalhamos, casamo-nos. Com efeito, as convenções e a linguagem mostram, em uma linha tracejada, o núcleo principal do contrato social, que consiste em viver na heterossexualidade. Pois viver em sociedade é viver na heterossexualidade. Na realidade, para mim, contrato social e heterossexualidade são duas noções que se sobrepõem.

O contrato social de que falo é a heterossexualidade.

O problema que enfrento ao tentar definir o contrato social é o mesmo que tenho quando tento definir o que é a heterossexualidade. Confronto um objeto não existente, um fetiche, uma forma ideológica que não pode ser alcançada na realidade a não ser por meio de seus efeitos, cuja existência está na cabeça das pessoas, mas de uma forma tal que afeta toda a vida delas: como agem, como se movem, como pensam. Então, estamos lidando com um objeto que é tanto imaginário quanto real. Se tento olhar para a linha pontilhada que delineia a maior parte do contrato social, ela se move, ela muda, às vezes ela produz algo visível, outras vezes desaparece por completo. Ela parece a fita de Möbius. Em um momento, enxergo uma coisa; em outro, vejo algo bem diferente. Mas essa fita de Möbius é falsa, porque somente um aspecto do efeito óptico aparece de maneira distinta e substancial, e esse aspecto é a heterossexualidade. A homossexualidade aparece como um fantasma, de forma indistinta, e às vezes nem sequer aparece.

O que é então a heterossexualidade? Como palavra, ela surgiu no começo do século XX em contraposição à homossexualidade. Só isso basta para definir a extensão de sua obviedade. Os juristas não a chamariam de instituição, ou, em outras palavras, a heterossexualidade enquanto instituição não tem existência jurídica (a jurisdição do casamento na legislação francesa nem sequer menciona que as partes do contrato têm de ser de sexos diferentes). Antropólogos, etnólogos e sociólogos passariam a vê-la como instituição, mas como instituição tácita e implícita. Devido a algo exterior à ordem social, eles partem do pressuposto de que já existam dois grupos: homens e mulheres. Para eles, os homens são seres sociais, e as mulheres, naturais. Contraponho essa ideia à postura dos psicanalistas quando pressupõem que há uma relação pré-edipiana do filho para com a mãe, uma relação pré-social que, apesar de sua importância para a humanidade, não procede da história. Para eles, essa concepção tem a vantagem, no que se refere ao contrato social, de dar um fim ao problema da origem. Eles acreditam que estão lidando com uma diacronia em vez de uma sincronia. Isso também vale para Lévi-Strauss e sua famosa noção de troca de mulheres – ele acredita estar lidando com invariantes. Tanto ele quanto todos os cientistas sociais que não entendem o problema que tento salientar jamais falariam em "contrato social". Na verdade, é muito mais simples interpretar o que chamo de "contrato social" em termos de *status quo*, isto é, em termos de algo que *não mudou* e *não mudará*. Desse modo, encontramos na literatura deles as seguintes palavras: "pais", "mães", "irmãos", "irmãs", etc., cujas relações podem ser estudadas como se permanecessem como tais para sempre.

Aristóteles foi muito mais cínico quando declarou, em *A política*, que as coisas *devem ser*: "O primeiro princípio é que os seres ineficazes um sem o outro *devem ser* reunidos em pares. Por exemplo, a união do homem e da mulher" (grifos meus).[15] Cabe ressaltar que esse princípio de necessidade da heterossexualidade é o primeiro princípio de *A política*, e que o segundo exemplo dos seres que "*devem* ser reunidos em pares" é "a união de um comandante e de um comandado". A partir desse momento, macho e fêmea, a relação heterossexual, tem sido o parâmetro de todas as relações hierárquicas. É quase desnecessário dizer que somente os membros dominados do par são "ineficazes" por si sós. Afinal, "comandante" e "homem" funcionam muito bem sem sua contrapartida.

Agora retorno a Lévi-Strauss, pois não deixarei passar a ideia da troca de mulheres, que até agora foi tão contemplada por teóricas feministas. E não por acaso, pois com essa teoria revelamos toda a trama e conspiração de pais, irmãos e maridos contra metade da humanidade. Para os senhores, os escravos são

---

[15] ARISTÓTELES, 1985, § 1252b. Note-se que a tradução usada pela autora difere substancialmente de traduções mais coladas ao texto original de Aristóteles. Na tradução usada para esta edição, lemos: "As primeiras uniões entre pessoas, oriundas de uma necessidade natural, são aquelas entre seres incapazes de existir um sem o outro, ou seja, a união da mulher e do homem para a perpetuação da espécie". (N.E.)

certamente mais transitórios do que as mulheres no que se refere à sua utilidade. As mulheres, a quem Aristóteles chamou de "escravas dos pobres", estão sempre à mão; segundo Lévi-Strauss, são objetos de valor que fazem a vida valer a pena (Aristóteles diria isso de forma não muito diferente: elas contribuem para o "bem viver"). Quando Lévi-Strauss descreveu o que é a troca de mulheres e como ela funciona, ele obviamente traçava para nós os contornos do contrato social, mas um contrato do qual mulheres são excluídas, um contrato entre homens. A cada vez que acontece uma troca, ela é a confirmação entre os homens de um contrato de apropriação de todas as mulheres. Para Lévi-Strauss, a sociedade não pode funcionar ou existir sem essa troca. Ao colocá-la à mostra, ele expõe a heterossexualidade não só como instituição, mas também como *o* contrato social, como um regime político. (Nota-se que o prazer sexual e as práticas sexuais não são a questão aqui.) Lévi-Strauss responde às acusações de antifeminismo que lhe foram feitas usando sua própria teoria. E, embora ele admita que seria impossível sobrepor completamente as mulheres aos signos de linguagem com os quais ele as comparou em termos de troca, ele não teve razão alguma para se preocupar com o efeito chocante que sua teoria poderia exercer sobre as mulheres, assim como Aristóteles não se preocupou quando definiu a necessidade dos escravos na ordem social, porque uma mente científica não pode se envergonhar ou ficar tímida ao lidar com a realidade bruta. E estamos falando de uma realidade de fato bruta. Não pode haver medo algum de rebelião no caso das mulheres. Ou melhor, elas foram convencidas de que querem o que são forçadas a fazer e de que fazem parte do contrato da sociedade que as exclui. Porque, ainda que elas, quero dizer, que nós não consentíssemos, não temos como pensar fora das categorias mentais da heterossexualidade. A heterossexualidade está desde sempre em todas as categorias mentais. Ela se esgueirou no pensamento dialético (ou pensamento das diferenças) como sua categoria central. Pois até mesmo as categorias filosóficas abstratas agem sobre o real como social. A linguagem projeta feixes da realidade sobre o corpo social, marcando-o e moldando-o violentamente. Por exemplo, o corpo dos atores sociais é formado pela linguagem abstrata (assim como por linguagens não abstratas). Pois há uma plasticidade do real na linguagem.

Assim, a heterossexualidade, cujas características aparecem e depois desaparecem quando a mente tenta apreendê-la, é visível e óbvia nas categorias do contrato heterossexual. Uma delas, que tentei desconstruir em um ensaio curto (incluído neste volume), é a categoria sexo. E está claro que, com ela, estamos lidando com uma categoria política. Uma categoria que, quando vista de frente, leva-nos a entender os termos do contrato social para as mulheres. Cito "A categoria sexo" (com uma leve reformulação):

> A perenidade dos sexos e a perenidade dos escravos e se- nhores provêm da mesma crença, e, assim como não existe escravo sem senhor, não existe mulher sem homem. [...]
>
> A categoria sexo é a categoria política que funda a sociedade enquanto heterossexual. Como tal, ela não diz respeito ao ser, mas a relações (pois homens e mulheres são resultado de relações), embora sempre se confundam os dois aspectos quando são discutidos. A categoria sexo é aquela que deter- mina que é "natural" a relação que está na base da sociedade (heterossexual) e por meio da qual metade da população, as mulheres, é "heterossexualizada" [...]
>
> Sua principal categoria, a categoria *sexo, funciona especifi- camente, assim como "negro", por meio de uma operação de redução, tomando a parte pelo todo, uma parte (cor, sexo) pela*

qual um grupo inteiro de humanos tem de passar como por uma peneira (grifos meus).

Quando Adrienne Rich disse que "a heterossexualidade é compulsória", ela deu um grande passo na compreensão do tipo de contrato social com o qual estamos lidando. A antropóloga francesa Nicole-Claude Mathieu, em um ensaio notável sobre a consciência, deixou claro que não é porque permanecemos em silêncio que estamos consentindo.[16] E como consentir com um contrato social que nos reduz, por obrigação, a seres sexuais que só têm significado por suas atividades reprodutivas, ou, para citar o escritor francês Jean Paulhan, seres nos quais tudo, inclusive o espírito, é sexo?[17]

Para concluir, digo que fugir da sua classe é a única maneira de as mulheres consumarem o contrato social (isto é, um novo contrato), mesmo que tenham de fazê-lo como servos fugidos, uma a uma. É o que estamos fazendo. As lésbicas são desertoras, escravas fugidas; as esposas desertoras também o são, e elas existem em todos os países, porque o regime político da heterossexualidade representa todas as culturas. Dessa forma, romper o contrato social heterossexual é uma necessidade para quem não consente com ele. Pois, se há algo de verdadeiro nas

---

[16] MATHIEU, Nicole-Claude. Quand céder n'est pas consentir. Des déterminant matériels et psychiques de la conscience dominée des femmes, et de quelques-unes de leurs interprétations en ethnologie. *In*: *L'Arraisonnement des femmes: essais en anthropologie des sexes.* Paris: Editions de l'École des Hautes Etudes en Sciences Sociales, 1985. Traduzido para o inglês como "When Yielding Is Not Consenting. Material and Psychic Determinants of Women's Dominated Consciousness and Some of Their Interpretation in Ethnology" e publicado em *Feminist Issues*, v. 9, n. 2, 1989, parte I.

[17] PAULHAN, Jean. Happiness in Slavery. Prefácio a *The Story of O*, de Pauline de Réage.

ideias de Rousseau, é que podemos formar "associações voluntárias" aqui e agora, e aqui e agora reformular o contrato social e criar um novo, embora não sejamos príncipes ou legisladores. Será isso uma mera utopia? Fico então com a opinião de Sócrates e Glauco: se ao fim e ao cabo nos for vedada uma nova ordem social, que por isso só poderia existir em palavras, eu a encontrarei em mim.

HOMO SUM[1]

> *Homo sum; humani nihil a me alienum puto.*
> (Sou homem; nada do que é humano me é alheio.)
> Terêncio, *Atormentador de si mesmo.*

TODOS NÓS TEMOS uma ideia abstrata do que significa ser "humano", mesmo que o sentido do que queremos dizer com "humano" seja potencial e virtual, pois ainda não realizado. Com efeito, por toda sua pretensão à universalidade, o que foi até agora considerado "humano" em nossa filosofia ocidental diz respeito somente a uma faixa limitada de pessoas: homens brancos, proprietários dos meios de produção, junto com os filósofos que teorizaram seu ponto de vista como o único e exclusivamente possível. É por essa razão que temos de considerar de forma abstrata, partindo de um ponto de vista filosófico, a potencialidade e a virtualidade da condição humana (ou humanidade), ou seja, partindo de um ponto de vista oblíquo. Assim, ser lésbica, estar nas fronteiras do humano (da humanidade) representa histórica e paradoxalmente o ponto de vista mais humano. A ideia de que podemos criticar e modificar o pensamento e as estruturas da sociedade em geral, partindo de uma perspectiva extrema, não é nova. Nós a devemos

---

[1] Publicado pela primeira vez em *Feminist Issues*, v. 10, n. 2, 1990. (N.E.)

a Robespierre e Saint-Just. Marx e Engels, em sua *Ideologia alemã*, ampliaram a ideia ao afirmarem a necessidade de grupos mais radicais de mostrarem seu ponto de vista e seus interesses como gerais e universais, uma posição que esbarra nos pontos de vista tanto práticos quanto filosóficos (políticos).

A situação atual das lésbicas na sociedade, quer elas saibam, quer não, está localizada filosoficamente (politicamente) além das categorias de sexo. Em termos práticos, elas fugiram de sua classe (a classe das mulheres), ainda que apenas de forma parcial e precária.

É a partir desse âmbito cultural e prático, ao mesmo tempo extremamente vulnerável e crucial, que levantarei a questão da dialética.

De um lado, há o mundo inteiro com sua premissa e afirmação generalizada da heterossexualidade como algo inevitável; do outro, somente a visão indistinta e fugidia, às vezes iluminadora e surpreendente, da heterossexualidade como armadilha, como um regime político forçado – ou seja, escapar dela é uma possibilidade, um fato.

Nosso pensamento político vem sendo moldado pela dialética há mais de um século. Para entender o mecanismo do pensamento dialético, as pessoas que, entre nós, descobriram-no por meio de sua expressão mais moderna, a de Marx e Engels, produtora da teoria da luta de classes, tiveram de recorrer a Hegel, especialmente se precisassem entender a reversão que Marx e Engels realizaram na dialética de Hegel. Em poucas palavras, essa reversão é a dinamização das categorias essencialistas de Hegel, uma transposição da metafísica à política (para mostrar que, no campo político e social, os termos metafísicos tinham de ser interpretados em termos de conflitos, e não mais em termos de oposições essenciais, e para mostrar que era possível superar os conflitos e conciliar as categorias de oposição).

Cabe fazer aqui um comentário: ao resumirem todas as oposições sociais em termos de luta de classes, e somente luta de classes, Marx e Engels reduziram todos os conflitos a dois termos. Essa redução acabou com uma série de conflitos que poderiam ser agrupados sob a categoria de "anacronismos do capital". Racismo, antissemitismo e machismo foram atingidos pela redução marxiana. A teoria do conflito a que esses anacronismos deram origem podia ser expressa por um paradigma de opressão que atravessava todas as "classes" marxistas. Eles não podiam ser interpretados exclusivamente em termos econômicos: isto é, em termos da mera apropriação crua da mais-valia em um contexto sociológico em que todos são iguais quanto a seus direitos, mas em que os capitalistas, por possuírem os meios de produção, podem se apropriar da maior parte da produção e do trabalho dos proletários, uma vez que produzem valor intercambiável em termos de dinheiro e mercado. Esperava-se que cada conflito cujas formas não pudessem ser reduzidas aos dois termos da luta de classes fosse resolvido depois que a classe proletária assumisse o poder.

Sabemos que, historicamente, a teoria da luta de classes não vingou, e o mundo continua dividida entre capitalistas (donos dos meios de produção) e proletários (fornecedores de mão de obra e força de trabalho e produtores da mais-valia). A consequência do fracasso da classe proletária em mudar as relações sociais em todos os países nos leva a um beco sem saída. Em termos de dialética, o resultado é um congelamento da dinâmica marxiana, o retorno a um pensamento metafísico e a superposição dos termos essencialistas aos termos que deveriam ter sido transformados por meio da dialética marxiana. Em outras palavras, ainda enfrentamos a oposição entre uma classe capitalista e uma proletária, mas, desta vez, como se tivessem sido atingidas pela varinha da fada da Bela Adormecida, elas estão aí para ficar, foram enfeitiçadas pelo destino, imobilizadas, transformadas em termos essenciais, despidas da relação dinâmica que as poderia transformar.

Para o que pretendo aqui, não é preciso fazer uma reavaliação profunda da abordagem marxiana. Basta dizer que, em termos de equilíbrio mundial, aquilo que Marx chamou de "anacronismos do capital do mundo industrial" constitui uma massa de pessoas diferentes: metade da humanidade representada pelas mulheres, pelos colonizados, pelo terceiro mundo e pelo *quart monde*,[2] além dos camponeses do mundo industrializado. Lenin e Mao Tsé-Tung tiveram de enfrentar o problema com seus conglomerados no início do século XX.

De um ponto de vista lésbico político, quando refletimos sobre a situação das mulheres na história, precisamos interrogar a dialética anterior à dialética hegeliana, em seu local originário; isto é, é preciso voltar a Aristóteles e Platão para entender como nasceram as categorias de oposição que nos moldaram.

Entre os primeiros filósofos gregos, alguns eram materialistas e todos eram monistas, o que significa que eles pensavam o Ser como indivisível: o Ser enquanto ser era uno. De acordo com Aristóteles, devemos à escola pitagórica a divisão no processo de pensamento, por conseguinte no pensamento sobre o Ser. Então, em vez de pensar em termos de unidade, os filósofos introduziram a dualidade no pensamento, no processo de raciocínio.

Consideremos a primeira tabela de opostos que a história nos ofereceu, conforme registrada por Aristóteles (*Metafísica*, L. I, 5, 6):

finito	infinito
ímpar	par

---

[2] Temos de acrescentar aqui a noção de "quarto mundo" usada na Europa para se referir a pessoas que vivem na pobreza no mundo ocidental industrializado.

uno	múltiplo
direito	esquerdo
macho	fêmea
repouso	movimento
retilíneo [*straight*]	curvo
luz	escuridão
bom	mau
quadrado	retângulo

Observamos que

direito	esquerdo
macho	fêmea
luz	escuridão
bom	mau

são termos de juízo e avaliação, conceitos éticos que são estranhos à série de onde os extraí. A primeira série é técnica, instrumental, corresponde à divisão necessária à ferramenta para a qual foi criada (um tipo de esquadro de carpinteiro chamado *gnomon*) – uma série compreensível, já que Pitágoras e os membros de sua escola eram matemáticos. A segunda série é heterogênea em relação à primeira. Acontece que, tão logo foram criadas as preciosas ferramentas conceituais baseadas na divisão (variações, comparações, diferenças), elas foram imediatamente (ou quase imediatamente, pelos sucessores da escola de Pitágoras) transformadas em meios de criar uma diferença metafísica e moral no Ser.

Desse modo, há um deslocamento com Aristóteles, um salto na compreensão desses conceitos, que ele usou para sua abordagem histórica da filosofia e do que ele chamou de metafísica. Conceitos práticos se tornaram abstratos. Termos cuja função havia sido separar, classificar, possibilitar a medição (em si, um trabalho genial) foram traduzidos a uma dimensão metafísica e logo foram totalmente dissociados de seu contexto. Além disso, os termos éticos e avaliatórios (direito, macho, luz, bom) da tabela de opostos, como usados na interpretação metafísica de Aristóteles (e Platão), modificaram o significado de termos técnicos como "Uno". Tudo que era "bom" pertencia à série do Uno (enquanto Ser). Tudo que era "múltiplo" (diferente) pertencia à série do "mau", associado ao não ser, à inquietação, a tudo aquilo que questiona o que é bom. Assim, saímos do domínio da dedução e entramos no domínio da interpretação.

No campo dialético criado por Platão e Aristóteles encontramos uma série de oposições inspiradas na primeira tabela matemática, porém distorcidas. Desse modo, na série do "Uno" (ser absoluto indiviso, a divindade em si) temos "macho" (e "luz"), termos que nunca deixaram de ocupar sua posição dominante. À outra série pertence a inquietação: o povo, as fêmeas, os "escravos dos pobres", o "escuro" (bárbaros que não distinguem entre escravos e mulheres), tudo reduzido ao parâmetro do não-Ser. Porque o Ser é o bom, o masculino, o retilíneo [*straight*], o uno – em outras palavras, o divino. Por outro lado, o não-Ser é todo o resto (múltiplo), o feminino: significa discórdia, inquietação, escuridão, mal. (Ver *A política*, de Aristóteles.)

Platão lidou um pouco com a ideia do Um e do Mesmo (como sendo Deus e o Bem) e do Outro (o que não é o mesmo que Deus, que é o não-Ser, o mal). Assim, a dialética opera em uma série de oposições que basicamente têm a mesma conotação metafísica: Ser ou não-Ser. Do nosso ponto de vista, Hegel, na dialética do senhor e do escravo, não procede de forma muito diferente. O próprio Marx, embora tentasse historicizar as oposições em termos de conflitos (sociais, práticos), foi um prisioneiro da série metafísica, da série dialética. A burguesia está do lado do Uno, do Ser; o proletariado está do lado do Outro, do não-Ser.

Assim, a necessidade de questionar a dialética, para nós, consiste em "dialetizar" a dialética, questioná-la em relação a seus termos ou oposição enquanto princípios e também em seu funcionamento. Pois, se na história da filosofia houve um salto da dedução à interpretação e à contradição, ou, em outras palavras, se de categorias matemáticas e instrumentais demos um salto às categorias normativas e metafísicas, não deveríamos prestar atenção nisso?

Não caberia ressaltar que o paradigma ao qual pertencem o feminino, a escuridão, o malvado e a inquietação também foi ampliado com o escravo, o Outro, o diferente? Todos os filósofos da nossa modernidade, inclusive linguistas, psicanalistas e antropólogos, dirão que, sem essas categorias precisas de oposição (ou diferença), não é possível raciocinar ou pensar – ou melhor, que fora delas o significado não toma forma, há uma impossibilidade de significar fora da sociedade, na esfera associal.

Decerto Marx tinha a intenção de virar a dialética de Hegel de ponta-cabeça. O avanço para Marx era mostrar que categorias dialéticas como o Uno e o Outro, Mestre e Escravo não eram permanentes e não tinham nada de metafísico ou essencial, mas deviam ser lidas e compreendidas em termos históricos. Com esse gesto, ele estava restabelecendo a ligação entre filosofia e política. Assim, as categorias que hoje são tão solenemente chamadas de categorias de Diferença (pertencentes ao que chamo de pensamento de Diferença) eram, para Marx, categorias de conflito – categorias de conflitos sociais – que no decorrer da luta de classes se destruiriam mutuamente. E, como haveria de ocorrer em uma luta assim, ao destruir (abolir) o Uno, o Outro também destruiria (aboliria) a si mesmo. Pois tão logo o proletariado se constituísse como classe econômica, ele teria de destruir a si mesmo e também à burguesia. O processo de destruição consiste em um movimento duplo: autodestruir-se enquanto classe (do contrário, a burguesia mantém o poder) e autodestruir-se enquanto categoria filosófica (a categoria do Outro), pois permanecer mentalmente na categoria do Outro (do escravo) significaria uma não resolução nos termos da dialética marxista. A resolução, portanto, tende a uma reavaliação filosófica dos dois termos de conflito. Quando se estabelece que há uma força econômica onde antes havia uma não-força (um nada), a força tem de negar a si própria do lado do Outro (escravo) e dominar o lado do Uno (senhor), mas somente com a abolição das duas ordens, reconciliando-as para torná-las uma e a mesma.

O que aconteceu na história ao longo das revoluções que conhecemos foi que o Outro (uma categoria de outros) se substituiu pelo Uno, mantendo abaixo dele grupos enormes de povos oprimidos que, por sua vez, tornar-se-iam o Outro de ex-outros, tornando-se nesse ponto o Uno. Isso já havia acontecido (antes de Marx) com a Revolução Francesa, que não soube lidar muito bem com as questões da escravidão e nem sequer lidou com as questões das mulheres (Mulher, o eterno Outro). Dialetizar a dialética me parece ser questionar o que realmente vai acontecer com a questão da condição humana quando todas as categorias de outros forem transferidas para o lado do Uno, do Ser, do Sujeito. Não haverá transformação? Por exemplo, em termos de linguagem, será que poderemos manter os termos "humanidade", "humano", "homem", "*l'homme*", "*homo*", embora todos esses termos, na esfera abstrata, signifiquem primeiramente o ser humano (sem distinção de sexo)? Será que devemos manter esses termos depois de terem sido apropriados por tanto tempo pelo grupo dominante (homens acima das mulheres) e depois de terem sido usados com o significado abstrato e concreto de humanidade como homem? Humanidade: Homenidade. Em outras palavras, um abuso filosófico e político.

Marx e Engels não lidaram com essa transformação necessária (uma operação dialética), mas com uma substituição, como é comum nas revoluções. Por um bom motivo: porque estavam escrevendo sobre o assunto *antes* do evento de uma revolução proletária e não tinham como determinar de antemão o que ia acontecer. Por um mau motivo: o portador do Universal, do Geral, do Humano, do Uno era a classe burguesa (ver *O manifesto comunista*), o fermento da história, a única classe capaz de ir além das fronteiras nacionais. Para eles, a classe proletária, embora ascendente, permaneceu na etapa do limbo, uma massa de fantasmas que precisava da direção do Partido Comunista (seus próprios membros em sua maioria burgueses) para subsistir e lutar.

Assim pereceu nosso modelo mais perfeito de dialética, a dialética materialista, porque os dados estavam viciados: o Outro, desde o início, estava condenado a permanecer no lugar onde se encontrava no início da relação, isto é, *essencialmente* no lugar do Outro, já que a ação que realizaria a transformação de classe (isto é, desmantelar as categorias do Uno e do Outro e transformá-las em outra coisa) pertencia ao parâmetro do Uno, isto é, da própria burguesia.

A dialética marxiana impôs à burguesia a demanda de lutar contra si própria e de se reduzir a nada, destruindo ambas as classes econômicas por intermédio de sua fração revolucionária. Mas será que poderíamos esperar que isso acontecesse? Afinal, a maioria dos representantes do Partido Comunista tem sua origem na classe burguesa, pertencia a ela, na figura de seus intelectuais.

A questão, ainda mais crucial no que diz respeito a homens e mulheres, ainda está em sua infância e quase nunca é posta. É quase impossível posicionar as mulheres em relação aos homens. Quem é de fato sensato o suficiente para conceber que é, ou que será, necessário destruir essas categorias como tais e dar fim à dominação do "Uno" sobre o "Outro"? O que não significa substituir os homens pelas mulheres (o Uno pelo Outro).

Na realidade, assim como no passado, os homens estão de um lado e as mulheres estão do outro. Os "Unos" dominam e possuem tudo, incluindo as mulheres, e os outros são dominados e apropriados. Acredito que, em uma situação como essa, e no nível da filosofia e da política, as mulheres deveriam prescindir do privilégio de serem diferentes e, acima de tudo, jamais formular essa imposição de serem diferentes (relegadas à categoria do Outro) como um "direito de ser diferente", ou jamais se entregarem ao "orgulho de ser diferente". A resolução desse assunto parece caminhar muito lentamente em termos políticos e econômicos, mas me parece que, em termos filosóficos, o processo de abstração pode ser de grande ajuda.

No abstrato, a humanidade, o Homem, é todo mundo – o Outro, do tipo que for, está incluído. Uma vez que a possibilidade de abstração se torna um fato entre os seres humanos, existem alguns fatos que podem ser esclarecidos nesse nível.

Quando se trata dos parâmetros dos oprimidos, não há necessidade de seguir o modelo marxiano e esperar até a "vitória final" para declarar que os oprimidos são tão humanos quanto os dominadores, que as mulheres são tão humanas quanto os homens. Onde está a obrigação de continuarmos aceitando uma série de *entourloupettes*[3] ontológicas, etimológicas e linguísticas sob o pretexto de que não temos o poder? Faz parte da nossa luta desmascará-las, dizer que um a cada dois homens é uma mulher, que o universal pertence a nós, embora tenhamos sido destituídas e roubadas nesse nível, assim como no nível político e econômico. Nesse ponto, talvez o método dialético que tanto admirei possa fazer muito pouca coisa por nós. Pois, abstratamente, na ordem do raciocínio, na ordem das possibilidades e potencialidades, na filosofia, o Outro não tem como essencialmente *ser* diferente

---

[3] Em francês no original: "truques sujos", "pegadinhas". (N.E.)

do Uno, ele é o Mesmo, consoante ao que Voltaire chamou de Mesmidade (*la "Mêmeté"*, neologismo cunhado por ele e nunca usado em francês). O Pensamento do Outro ou o Pensamento da Diferença não nos deveria ser possível, pois "nada do que é humano é alheio" ao Uno ou ao Outro.

Acredito que não tenhamos chegado ao fim do que a Razão pode fazer por nós. E não quero negar minha mentalidade cartesiana, pois penso no Iluminismo como a primeira centelha de entendimento que a história nos deu. Agora, no entanto, a Razão se tornou porta-voz da Ordem, da Dominação, do Logocentrismo. De acordo com muitos de nossos contemporâneos, a única salvação está em uma tremenda exaltação do que eles chamam de alteridade sob todas as suas formas: Judeu, Negro, Pele Vermelha, Amarelo, Fêmea, Homossexual, Louco. Longe da Razão (será que querem dizer dentro da Loucura?), "Diferente", e com orgulho de ser assim.

Os principais representantes dos dominadores e dos dominados adotaram esse ponto de vista. O Bem não está mais no parâmetro do Uno, do Macho, da Luz, mas sim no parâmetro do Outro, da Fêmea, da Escuridão. Então, viva a Insensatez, e que embarquem de novo na *nef des fous*,[4] no carnaval, etc. Nunca o Outro foi tão enaltecido e celebrado. Outras culturas, a mente do Outro, o cérebro Feminino, a escrita Feminina, e assim por diante – nestas últimas décadas, aprendemos tudo o que diz respeito ao Outro.

Não sei quem vai lucrar com esse abandono dos oprimidos em prol de uma vertente que os deixará mais e mais impotentes, destituídos da faculdade de serem sujeito mesmo antes de tê-la adquirido. Eu diria que só podemos renunciar ao que já temos. E acharia ótimo mandar os porta-vozes dos dominadores

---

[4] Em francês no original: "nave dos loucos". (N.E.)

embora um por um, sejam eles do partido do Uno ou do partido do Outro.

Ingenuidade, inocência, falta de dúvidas, certeza de que tudo é ou preto ou branco, certeza de que quando a Razão não é soberana é porque a Insensatez ou a Loucura têm a vantagem, crença de que onde há o Ser também há o não-Ser como um tipo de recusa, e a coisa mais absurda de todas, a necessidade – como reação a essa evidência e a essas certezas – de apoiar e defender, em contraposição, um "direto à Diferença" (um direito de diferença) que, revertendo tudo, corresponde ao sentido dos personagens Tweedledum e Tweedledee de Lewis Carroll[5] – esses são os sintomas do que eu já havia chamado, por exasperação, de pensamento hétero. Sexos (gênero), diferença entre os sexos, homem, mulher, raça, negro, branco e natureza estão no cerne desse conjunto de parâmetros. Eles moldaram nossos conceitos, nossas leis, nossas instituições, nossa história, nossas culturas.

Eles acham que dão respostas para tudo quando tomam esse duplo parâmetro como metáfora, e à nossa análise fazem a objeção de que há uma ordem simbólica, como se estivessem falando de outra dimensão que nada teria a ver com dominação. Para o nosso azar, a ordem simbólica compartilha a mesma realidade da política e da economia. Há um *continuum* entre essas realidades, um *continuum* em que a abstração é imposta à materialidade e pode moldar tanto o corpo quanto a mente daqueles que ela oprime.

---

[5] Personagens de *Alice através do espelho*, de Lewis Carroll, referenciados geralmente como "irmãos Tweedle" e representados como a imagem especular um do outro. (N.E.)

O PONTO DE VISTA: UNIVERSAL OU PARTICULAR?[1]

REUNI AQUI ALGUMAS REFLEXÕES *sobre escrita e linguagem que produzi enquanto traduzia* Spillway, *de Djuna Barnes, e que têm relação com o trabalho dela e também com o meu.*

I

Para começar, é preciso dizer que a "escrita feminina" não existe, e é um erro usar e popularizar essa expressão. O que é esse "feminino" em "escrita feminina"? Ele se refere a Mulher, e assim funde uma prática a um mito, o mito da Mulher. A "Mulher" não pode estar associada à escrita, porque "Mulher" é uma formação imaginária, e não uma realidade concreta; é aquela marcação a ferro quente feita pelo inimigo e agora exibida como uma bandeira em farrapos reencontrada e conquistada no campo de batalha. "Escrita feminina" é a metáfora da naturalização do fato político que é a dominação das mulheres, e, dessa forma, ela infla o aparato sob o qual a "feminilidade" se apresenta: isto é, Diferença,

---

[1] Texto escrito em francês em 1980 e publicado originalmente como introdução a *La Passion*, livro de Djuna Barnes (Paris: Flammarion, 1982). (N.E.)

Especificidade, Corpo Feminino/Natureza. Por meio de sua posição adjacente, a "escrita" é capturada pela metáfora em "escrita feminina" e, como resultado, deixa de ser vista como trabalho e processo de produção, já que as palavras "escrita" e "feminina" são associadas de forma a designar um tipo de produção biológica peculiar à "Mulher", uma secreção natural à "Mulher".

Assim, a "escrita feminina" é uma maneira de dizer que as mulheres não pertencem à história, e que a escrita não é uma produção material. A (nova) feminilidade, a escrita feminina e a celebração da diferença são a reação a uma tendência política[2] que se preocupou em questionar as categorias de sexo, esses dois grandes eixos de categorização para a filosofia e as ciências sociais. Como acontece sempre que algo novo aparece, há uma interpretação imediata e a transformação em seu contrário. A escrita feminina é como as artes domésticas e a culinária.

II

Gênero é o indexador linguístico da oposição política entre os sexos. Gênero é usado aqui no singular porque, de fato, não existem dois gêneros, mas somente um: o feminino, pois o "masculino" não é gênero. O masculino não é o masculino, mas o geral.[3] O que existe são o geral e o feminino, ou melhor, o geral e a marca do feminino. É por esse motivo que Nathalie Sarraute diz não

---

[2] O começo do Movimento de Libertação das Mulheres na França e em toda parte foi, em si, um questionamento das categorias de sexo. Depois, no entanto, somente as feministas radicais e lésbicas continuaram a questionar, com bases políticas e teóricas, o uso dos sexos como categorias e como classes. Para o aspecto teórico dessa questão, ver as revistas *Question Féministes* entre 1977 e 1980 e *Feminist Issues* desde seu primeiro número.

[3] Ver GUILLAUMIN, Colette. The Masculine: Denotations/Connotations. *Feminist Issues*, v. 5, n. 1, 1985.

poder usar o gênero feminino quando quer generalizar (e não particularizar) sobre o que está escrevendo. E, tendo em vista que, para ela, o crucial é precisamente fazer abstrações a partir de um material bem concreto, o uso do feminino é impossível quando sua presença distorce o significado dessa empreitada, por causa da analogia *a priori* entre gênero feminino/sexo/natureza. Somente o masculino enquanto geral é o abstrato. O feminino é o concreto (o sexo na linguagem). Djuna Barnes faz a experiência (bem-sucedida) de universalizar o feminino (assim como Proust, ela não diferencia o modo como descreve personagens femininos e masculinos). Ao fazer isso, ela consegue remover do gênero feminino seu "cheiro de guardado", para usar uma expressão de Baudelaire sobre a poeta Marceline Desbordes-Valmore. Djuna Barnes neutraliza os gêneros ao torná-los obsoletos. Acho necessário suprimi-los. Esse é o ponto de vista de uma lésbica.

III

Os significados do discurso do século XIX saturaram por completo a realidade textual do nosso tempo. Assim, "o espírito da desconfiança aparece em cena".[4] Assim, "entramos agora na era da desconfiança".[5] O "homem" perdeu terreno de tal forma que mal é reconhecido como sujeito do discurso. Hoje se pergunta: o que é sujeito? No colapso geral que se seguiu ao questionamento do significado, há espaço para os chamados escritores minoritários entrarem no campo de batalha privilegiado da literatura, no qual tentativas de constituição do sujeito entram em confronto. Pois, desde Proust, sabemos que a experimentação literária é uma maneira bem-vista de trazer o sujeito à luz. Essa experimentação é a

---

[4] SARRAUTE, Nathalie. *The Age of Suspicion*. New York: George Braziller, 1963. p. 57.

[5] SARRAUTE, 1963, p. 57.

prática subjetiva por excelência, uma prática do sujeito cognitivo. O sujeito nunca mais foi o mesmo depois de Proust, pois, no decorrer de *Em busca do tempo perdido*, ele tornou "homossexual" o eixo de categorização de onde parte a universalização. O sujeito minoritário não é egocêntrico como o sujeito hétero. Sua extensão no espaço poderia ser descrita como consoante ao círculo de Pascal, cujo centro está em toda parte e cuja circunferência não está em lugar nenhum. Isso é o que explica o enfoque de Djuna Barnes em seu texto – uma mudança constante que, quando o texto é lido, produz um efeito comparável ao que chamo de percepção-de-canto-de-olho; o texto funciona pela ruptura. Palavra por palavra, o texto traz a marca daquele "alheamento" que Barnes descreve por meio de cada uma de suas personagens.

IV

Todos os escritores minoritários (que têm consciência que o são) entram na literatura de forma oblíqua, por assim dizer. Os problemas importantes na literatura que preocupam seus contemporâneos são enquadrados sob essa perspectiva. Eles se afetam pelas questões de forma tanto quanto os escritores convencionais [*straight*],[6] mas também não há como não se comoverem de corpo e alma com seu sujeito – "aquilo que pede um nome secreto", "aquilo que não ousa dizer seu nome", aquilo que encontram em toda parte embora jamais escrevam a respeito. Escrever um texto que tem a homossexualidade entre seus temas é uma aposta, é correr o risco de que a todo momento o elemento formal que é o tema sobredetermine o significado, monopolize todo o significado, contrariamente à intenção do autor, que quer, acima de tudo,

---

6 Optou-se por não traduzir "straight" como para "hétero" neste caso por se tratar de oposição a minorias em geral, não apenas a homossexuais. Ver também nota 8, p. 61. (N.E.)

criar uma obra literária. Assim, o texto que adota um tema como esse vê como uma de suas partes é tomada pelo todo, como um dos seus elementos constituintes é tomado como o texto todo, e o livro se torna um símbolo, um manifesto. Quando isso acontece, o texto deixa de operar em nível literário; ele é sujeitado à desconsideração, no sentido de deixar de ser considerado em relação a textos equivalentes. Ele se torna um texto comprometido com um tema social e chama a atenção para um problema social. Quando isso acontece com um texto, ele desvia de sua meta principal, que é mudar a realidade textual dentro da qual se inscreve. Na verdade, por causa do seu tema, ele é excluído daquela realidade textual e não tem mais acesso a ela; ele é banido (muitas vezes simplesmente pelo silêncio, ou por não ser reimpresso), não pode mais funcionar como texto em relação a outros textos passados ou contemporâneos. Ele se torna interessante apenas para os homossexuais. Visto como símbolo ou adotado por um grupo político, o texto perde sua polissemia, torna-se unívoco. Essa perda de significado e de aderência à realidade textual impede que o texto realize a única ação política que poderia realizar: introduzir no tecido textual da época, por meio da literatura, aquilo que ele corporifica. Certamente por isso Djuna Barnes temia que as lésbicas a tomassem como *sua* escritora, reduzindo assim seu trabalho a uma única dimensão. Em qualquer caso, e ainda que Djuna Barnes seja lida amplamente e sobretudo por lésbicas, não deveríamos reduzi-la e limitá-la à minoria lésbica. Isso não só não a ajudaria em nada, como também não nos ajudaria. Pois é dentro da literatura que a obra de Barnes pode melhor atuar em seu e em nosso favor.

V

Existem textos da maior importância estratégica tanto em sua forma exterior quanto em sua forma de se inscrever na realidade literária. Isso se aplica para toda a obra de Barnes, que, dessa perspectiva, funciona como um texto único e singular, pois entre *Ryder*, *Ladies Almanack*, *Spillway* e *Nightwood* há correspondências e permutações. O texto de Barnes também é único no sentido de ser o primeiro desse tipo, e explode como uma bomba onde antes não havia nada. Então é assim que, palavra por palavra, ele tem de criar seu próprio contexto, trabalhando, construindo algo a partir do nada contra tudo. Um texto de um escritor minoritário só é eficaz se consegue tornar universal o ponto de vista da minoria, somente se for um texto literário importante. *Em busca do tempo perdido*, de Proust, é um monumento da literatura francesa *ainda que* a homossexualidade seja *o* tema do livro. A obra de Barnes é uma obra literária importante *ainda que* seu tema principal seja o lesbianismo. Por um lado, o trabalho desses dois escritores transformou a realidade textual de nosso tempo, como acontece com toda obra importante. Mas, por serem obras de membros de uma minoria, esses textos mudaram o ângulo de categorização no que diz respeito à realidade sociológica de seu grupo, pelo menos afirmando sua existência. Antes de Barnes e Proust, quantas vezes personagens homossexuais e lésbicas foram escolhidas como tema da literatura em geral? O que existiu na literatura nesse sentido entre Safo e *Ladies Almanack* e *Nightwood*, de Barnes? Nada.

VI

O contexto próprio de Djuna Barnes, se observarmos pelo ângulo da minoria, foi a obra de Proust, à qual ela se refere em *Ladies Almanack*. Djuna Barnes é nosso Proust (e não Gertrude Stein). Um tipo diferente de tratamento, não obstante, foi dado à obra de Proust e à de Barnes: a de Proust vai obtendo cada vez mais sucesso até se tornar um clássico, e a de Barnes surge e desaparece como um relâmpago. A obra de Barnes é pouco conhecida, e é ignorada tanto na França quanto nos Estados Unidos. Ainda assim, poderíamos dizer que Barnes é estrategicamente mais importante do que Proust e que, como tal, corre o risco constante de desaparecer. Safo também desapareceu. Mas Platão, não. Podemos ver claramente o que está em jogo e que "não ousa dizer seu nome", o nome que a própria Djuna Barnes detestava. Sodoma é poderosa e eterna, disse Colette, e Gomorra não existe. A Gomorra de *Ladies Almanack*, de *Nightwood*, de "Cassation" e de "The Grande Malade" em *Spillway* é uma refutação estonteante das negações de Colette, pois o que está escrito é. "Levante a cumeeira, carpinteiro, / pois aqui está a poeta lésbica / sobrepondo-se à concorrência estrangeira."[7] Essa poeta costuma ter uma batalha árdua a travar, pois, passo a passo, palavra por palavra, ela tem de criar seu próprio contexto em um mundo que, assim que ela aparece, não poupa esforços para fazê-la desaparecer. A batalha é árdua, pois ela tem de travá-la em duas frentes: em nível formal, com as questões que são debatidas nesse momento na história literária, e em nível conceitual, contra a obviedade do pensamento hétero.

VII

Vamos usar a palavra "letra" para o que geralmente se chama de significante e a palavra "sentido" para o que se chama de significado (sendo o signo a combinação da letra e do sentido). Usar as palavras "letra" e "sentido" no lugar de "significante" e "significado" nos permite evitar a interferência prematura do referente no vocabulário do signo (pois "significante" e "significado" descrevem o signo nos termos da realidade a que se referem, enquanto "letra" e "sentido" descrevem o signo somente em relação à linguagem). Na linguagem, somente o sentido é abstrato. Em uma obra de experimentação literária pode haver um equilíbrio entre letra e

---

[7] SAFO, livro IX.

sentido. Pode haver também uma eliminação do sentido em favor da letra (experimentação literária "pura"), ou ainda a produção de sentido antes de qualquer coisa. No entanto, como apontou Roland Barthes, mesmo na experimentação literária "pura" pode acontecer de certos sentidos serem tão sobredeterminados que a letra se torna sentido e o significante se torna significado, não importa o que faça o escritor. Escritores minoritários estão sempre ameaçados pelo sentido, até mesmo quando se envolvem com experimentação formal: o que para eles é apenas um tema de trabalho, um elemento formal, impõe-se *unicamente* como sentido para leitores convencionais [*straight*]. Mas isso também ocorre porque a oposição entre letra e sentido, entre significante e significado, não tem *raison d'être*[8] exceto em uma descrição anatômica da linguagem. Na prática da linguagem, letra e sentido não agem separadamente. E, para mim, a prática de um escritor consiste em reativar constantemente letra e sentido, pois, assim como a letra, o sentido se desvanece. Incessantemente.

VIII

Para o escritor, a linguagem é um material especial (comparado ao de pintores ou músicos), pois é usada, antes de tudo, para outra coisa além de produzir arte e descobrir formas. Ela é usada por todo mundo o tempo todo, para falar e se comunicar. Ela é um material especial porque é o lugar, o meio, o veículo para esclarecer o sentido. Mas o sentido esconde a linguagem da nossa vista. Pois a linguagem, como a carta roubada do conto de Poe, está aí constantemente, embora completamente invisível. Pois só se vê e se ouve o sentido. Então o sentido não é linguagem? Sim, é linguagem, mas em sua forma visível e material a linguagem é forma, a linguagem é letra. O sentido não é visível, e como tal

---

[8] Em francês no original: "razão de ser", "propósito". (N.E.)

parece estar de fora da linguagem (às vezes é confundido com o referente quando se fala de "conteúdo"). De fato, o sentido é linguagem, mas, sendo sua abstração, não pode ser visto. Apesar disso, no uso atual da linguagem, o que se vê e se ouve é *somente* o sentido. Isso porque o uso da linguagem é uma operação muito abstrata, e sua forma desaparece o tempo todo na produção do sentido, pois, quando a linguagem ganha forma, ela se perde no sentido literal. Ela só pode reaparecer abstratamente como linguagem quando se reduplica, quando forma um sentido figurado, uma figura de linguagem. Esse, portanto, é o trabalho do escritor – preocupar-se com a letra, o concreto, a visibilidade da linguagem, isto é, sua forma material. Desde que foi entendida como material, a linguagem tem sido trabalhada palavra a palavra pelos escritores. Esse trabalho no nível das palavras e da letra reativa as palavras em seu arranjo, e consequentemente confere ao sentido seu sentido completo: na prática, e na maioria dos casos, esse trabalho revela a polissemia, em vez de apenas um sentido.

Mas, seja qual for a escolha que se faça no nível prático como escritor, não há outra saída quando se trata do nível conceitual – deve-se adotar um ponto de vista particular *e* um ponto de vista universal, pelo menos para fazer parte da literatura. Isto é, deve-se trabalhar para alcançar o geral, mesmo que o começo seja um ponto de vista individual ou específico. Isso vale para escritores convencionais [*straight*], mas também para escritores minoritários.

O CAVALO DE TROIA[1]

A PRINCÍPIO, OS TROIANOS ACHAM estranho o cavalo de madeira, sem cor, descomunal, bárbaro. Como uma montanha, ele se eleva ao céu. E então, pouco a pouco, eles descobrem as formas familiares que coincidem com as de um cavalo. Por fazerem parte de uma cultura antiga, os troianos já conheciam muitas e variadas formas, às vezes contraditórias, que, reunidas e trabalhadas, criavam um cavalo. O cavalo construído pelos gregos sem dúvida também é um cavalo para os troianos, embora eles ainda o observem com desconfiança. É bárbaro pelo tamanho, mas também pela forma, rústica demais para eles, os efeminados, como Virgílio os chama. Depois, no entanto, eles se afeiçoam à aparente simplicidade, na qual enxergam sofisticação. Agora percebem toda a elaboração escondida de início sob uma brutalidade grosseira. Eles passam a ver como forte e poderosa a obra que antes consideraram sem forma. Querem se apossar dela, adotá-la como monumento e abrigá-la entre seus muros, um objeto gratuito cujo único propósito

---

[1] Publicado pela primeira vez em *Feminist Issues*, v. 4, n. 2, 1984. (N.E.)

deve ser encontrado nele mesmo. Mas e se fosse uma máquina de guerra?

Toda obra literária importante, no momento de sua produção, é como o Cavalo de Troia. Toda obra com uma nova forma funciona como máquina de guerra, porque seu propósito e seu objetivo é aniquilar as formas antigas e as convenções formais. É sempre produzida em território hostil. E quanto mais estranha, inconformista e inassimilável ela parece, mais tempo demora para o Cavalo de Troia ser aceito. Por fim, ela é adotada e funciona como uma mina, ainda que lentamente. Ela brota e irrompe do solo onde foi plantada. As formas literárias antigas, às quais todos já estavam acostumados, acabarão vistas como obsoletas, ineficazes, incapazes de exercer transformações.

Quando digo que é bem possível que uma obra literária interfira em sua época como uma máquina de guerra, não estou falando de literatura engajada.[2] Literatura engajada e *écriture féminine*[3] têm em comum o fato de serem formações míticas e funcionarem como mitos, no sentido que Barthes deu a essa palavra. Como tais, eles jogam areia nos olhos das pessoas ao amalgamarem no mesmo processo duas ocorrências que não têm o mesmo tipo de relação com o real e com a linguagem. Não estou falando, portanto, em nome de razões éticas. (Por exemplo, a literatura não deve ser subserviente ao engajamento – afinal, o que aconteceria ao escritor se o grupo que ele representa ou do qual é porta-voz deixasse de ser oprimido? O escritor não teria mais nada a dizer? Ou o que aconteceria se o trabalho do escritor

---

[2] Em inglês, *"commited literature"*. A edição francesa traz o termo *"engagée"*. A autora se refere à postura literária manifestada por Sartre e Beauvoir na revista *Les Temps Modernes* e em outros escritos de Sartre, especialmente "Que é a literatura?". (N.E.)

[3] Em francês no original: "escrita feminina". (N.E.)

fosse banido pelo grupo?) Pois a questão não é ética, e sim prática. Quando se fala sobre literatura, é necessário considerar todos os elementos em jogo. O trabalho literário não pode ser influenciado diretamente pela história, pela política e pela ideologia, porque esses dois campos pertencem a sistemas paralelos de signos que funcionam de forma diferente no *corpus* social e usam a linguagem de maneiras diferentes. No que se refere à linguagem, o que vejo é uma série de fenômenos cuja característica principal é serem totalmente heterogêneos. A primeira heterogeneidade irredutível diz respeito à linguagem e sua relação com a realidade. Meu interesse aqui é a heterogeneidade dos fenômenos sociais que envolvem a linguagem, tais como história, arte, ideologia, política. Frequentemente tentamos forçá-los a se encaixarem uns nos outros até que eles se ajustem mais ou menos à nossa concepção do que deveriam ser. Se os abordo separadamente, consigo ver que na expressão "literatura engajada" se justapõem fenômenos de natureza muito diferente. Colocados assim, eles tendem a se anular mutuamente. Na história e na política, depende-se da história social, enquanto o escritor, em seu trabalho, depende da história literária, isto é, da história das formas. O que está no centro da história e da política é o corpo social, constituído pelas pessoas. O que está no centro da literatura são as formas, constituídas por obras. É claro que pessoas e formas não são em nada intercambiáveis. A história está relacionada às pessoas, a literatura está relacionada às formas.

Desse modo, o primeiro elemento com o qual o escritor deve lidar é o imenso acervo de obras, passadas e presentes – e elas são muitas e muitas, coisa que tendemos a esquecer o tempo todo. Os críticos e linguistas modernos já cobriram um grande campo de análise e esclareceram o assunto das formas literárias. Penso aqui nos formalistas russos, nos escritores do *nouveau roman*, em Barthes, em Genette, nos textos do grupo *Tel Quel*. Tenho pouco conhecimento da conjuntura da crítica norte-americana, mas Edgar Allan Poe, Henry James e Gertrude Stein escreveram sobre o assunto. Mas o fato é que, em sua obra, o escritor tem apenas duas escolhas – reproduzir formas existentes ou criar novas. Não há outra opção. Nenhum escritor foi mais explícito quanto a isso do que Sarraute na França e Stein[4] nos Estados Unidos.

O segundo elemento que o escritor enfrenta é a matéria-prima, isto é, a linguagem, em si um fenômeno heterogêneo tanto para a realidade quanto para suas próprias produções. Pensando o Cavalo de Troia como uma estátua, uma forma com dimensões, ele pode ser tanto um objeto material quanto uma forma. Mas é exatamente isso que o Cavalo de Troia representa na escrita, porém de modo um pouco mais intricado, pois o material usado é a linguagem, que em si já é uma forma, mas também matéria. Na escrita, as palavras são tudo. Muitos escritores já disseram e repetiram, muitos deles estão dizendo neste exato momento, e eu digo agora: as palavras são tudo na escrita. Quando uma pessoa não consegue escrever, não quer dizer que ela não consiga expressar as próprias ideias, como costumamos dizer. O que acontece é que a pessoa não consegue encontrar as palavras, uma situação banal para os escritores. As palavras ficam ali, prontas para serem usadas pelo escritor como matéria-prima, assim como o barro está à disposição de qualquer escultor. As palavras são, cada uma delas, como o Cavalo de Troia. Elas são coisas materiais, ao mesmo tempo que significam algo. E elas são abstratas justamente por significarem algo – elas são um condensado de abstração e concretude, e, nisso, são totalmente diferentes de todos os outros meios usados para criar arte. As cores, a pedra, o barro não têm sentido algum, o som não tem sentido na música, e, com muita frequência, na maioria dos casos, ninguém se importa com o

---

[4] STEIN, Gertrude. *How to Write.* New York: Dover, 1975.

sentido que vão adquirir quando ganharem forma. Ninguém espera que o sentido seja interessante. O que se espera é que não haja sentido algum. Por outro lado, quando algo é escrito, há de ter sentido assim que é escrito. Seja como for, o escritor precisa de matéria-prima para começar seu trabalho tanto quanto um pintor, um escultor ou um compositor.

Essa questão da linguagem enquanto matéria-prima não é vã, já que pode ajudar a esclarecer como a história e a política lidam com a linguagem de maneira diferente. Na história e na política, as palavras são tomadas em seu sentido convencional. Elas são tomadas somente por seu sentido, isto é, em sua forma abstrata. Na literatura, as palavras estão ali para serem lidas em sua materialidade. Mas é preciso entender que, para atingir esse resultado, o escritor deve primeiramente reduzir a linguagem à sua máxima falta de sentido para poder transformá-la em um material neutro – isto é, uma matéria-prima. Somente assim pode-se dar forma à palavra. (Isso não significa que a obra finalizada não tenha sentido, mas que o sentido vem da forma, das palavras trabalhadas.) O escritor precisa pegar cada palavra e despojá-la de seu sentido cotidiano para poder trabalhar com palavras, em palavras. O formalista russo Chklóvski costumava dizer que as pessoas pararam de enxergar os objetos que as rodeiam, as árvores, as nuvens, as casas. Elas simplesmente as reconhecem, sem de fato enxergá-las. Para ele, a tarefa do escritor é recriar a primeira visão das coisas em toda sua potência – o contrário do reconhecimento diário que se tem das coisas. Mas ele estava errado no seguinte: o escritor, de fato, recria uma visão, mas é a primeira visão potente das *palavras*, não das coisas. Como escritora, eu ficaria totalmente satisfeita se cada uma das minhas palavras produzisse no leitor o mesmo efeito, o mesmo choque que causariam se fossem lidas pela primeira vez. É o que chamo de dar um golpe com palavras. Como leitora, percebo que alguns escritores me dão esse choque, e assim continuo entendendo o que acontece com as palavras.

O que estou dizendo é que o choque das palavras na literatura não vem das ideias que elas supostamente promovem, pois a primeira coisa com que lida o escritor é um corpo sólido que tem de ser manipulado de uma maneira ou de outra. E, para voltar ao nosso cavalo, se o que se quer é construir uma máquina de guerra perfeita, é preciso se poupar da ilusão de que fatos, ações e ideias possam ditar diretamente sua forma às palavras. Existe um desvio, e o choque das palavras é produzido por sua associação, sua disposição e seu arranjo, e também por cada uma delas quando usadas separadamente. O desvio é trabalho, é trabalhar as palavras como se trabalha um material qualquer para transformá-lo em outra coisa, em um produto. Não há como evitar esse desvio na literatura, e é exatamente esse desvio que a literatura é.

Eu disse que a história está relacionada às pessoas, ao passo que a literatura está relacionada às formas. Mas a história, como todas as disciplinas, usa a linguagem na comunicação, na escrita, na leitura, na compreensão e no aprendizado. A história, a ideologia e a política não questionam o meio que usam. Seu domínio é o das ideias, que atualmente é tido como separado da linguagem, como algo que deriva diretamente do pensamento. Essas disciplinas ainda se apoiam na divisão clássica entre corpo e alma. Mesmo na tradição marxista e pós-marxista, temos de um lado a ordem econômica, a ordem material, e de outro a ideologia e a política, consideradas a "superestrutura". A linguagem aqui não é examinada como exercício direto de poder. Nessa concepção, a linguagem, junto com a arte, é parte do que chamam de superestrutura. Ambas estão inclusas na ideologia e, como tal, não expressam nada além das "ideias" da classe dominante. Sem uma reavaliação do funcionamento da linguagem no domínio da ideologia e na arte, permanecemos naquilo que os marxistas chamam de "idealismo". Forma e conteúdo correspondem à divisão corpo/alma, que é aplicada às palavras de maneira individual, mas também em conjunto, isto é, às obras literárias. Os linguistas falam de significante e significado, o que se resume à mesma distinção.

Por meio da literatura, no entanto, as palavras voltam-nos inteiras. Por meio da literatura, podemos aprender algo que deveria ser útil em qualquer outra área: nas palavras, não se pode dissociar forma de conteúdo, pois partilham da mesma forma: a forma de uma palavra, uma forma material.

Um dos melhores exemplos de máquina de guerra com efeito tardio é a obra de Proust. A princípio, todos pensaram que se tratava simplesmente de um *roman à clef*[5] e de uma descrição minuciosa da alta sociedade parisiense. Os sofisticados tentaram fervorosamente dar nomes aos personagens. Depois, em uma segunda fase, eles tiveram de trocar o nome das mulheres e dos homens, pois a maioria das mulheres do livro na realidade eram homens. Com isso, tiveram de aceitar o fato de que boa parte dos personagens eram homossexuais. Como os nomes eram códigos para pessoas reais, eles tiveram de olhar para seu universo aparentemente normal e se perguntar quais deles o eram, quantos o eram ou se todos o eram. Ao final de *Em busca do tempo perdido*, está feito: Proust havia conseguido transformar o mundo "real" em um mundo somente de homossexuais. Começa com a horda de jovens povoando as embaixadas, fervilhando em torno de seus líderes como as aias em volta da rainha Esther em Racine. Em seguida vêm os duques, os príncipes, os homens casados, os criados, os choferes e todos os comerciantes. Todo mundo acaba

---

[5] Em francês no original: aproximadamente, "romance com chave"; recurso narrativo em que o autor usa personagens fictícios para falar de pessoas reais. (N.E.)

sendo homossexual. Há até mesmo algumas lésbicas, e Colette repreendeu Proust por ter enaltecido Gomorra. Saint-Loup, elegante arquetípico de mulherengo, também se revela como gay. No último livro, ao descrever a estrutura de toda a obra, Proust demonstra que, para ele, o fazer da escrita também é o fazer de um sujeito específico, a constituição do sujeito. Tanto que as personagens e as descrições de determinados momentos servem como camadas para construir pouco a pouco, e pela primeira vez na história literária, o sujeito homossexual. A canção do triunfo do último volume também redime Charlus.

Pois acredito que, na literatura, a história intervenha no nível individual e subjetivo e se manifeste no ponto de vista particular do escritor. Portanto, um dos papéis mais importantes e estratégicos da tarefa do escritor é universalizar esse ponto de vista. Mas, para produzir uma obra literária, é preciso ser modesto e saber que ser gay ou qualquer outra coisa não é suficiente. Pois a realidade não pode ser diretamente transferida da consciência para o livro. A universalização de cada ponto de vista demanda atenção particular aos elementos formais que podem ser abertos à história, como temas, sujeitos de narrativas, bem como a forma global da obra. É a tentativa de universalização do ponto de vista que transforma ou não uma obra literária em uma máquina de guerra.

A MARCA DE GÊNERO[1]

I

SEGUNDO OS GRAMÁTICOS, a marca de gênero diz respeito a substantivos, e eles a tratam em termos de função. Às vezes fazem piada quando questionam seu sentido, chamando o gênero de "sexo fictício". Por isso se costuma dizer que o inglês, quando comparado ao francês, quase não tem gênero, enquanto o francês passa a ideia de ser uma língua bem marcada pelo gênero. É verdade que, a rigor, o inglês não aplica a marca de gênero a objetos inanimados, a coisas ou seres não humanos. Mas, no que diz respeito às categorias de pessoa, ambas as línguas são portadoras de gênero na mesma medida. Ambas, de fato, dão vazão a um conceito ontológico primitivo que impõe à linguagem uma divisão dos seres de acordo com os sexos. O "sexo fictício" dos substantivos ou seu gênero neutro são somente decorrências acidentais desse princípio básico, portanto relativamente inofensivos.

---

[1] Publicado pela primeira vez em *Feminist Issues*, v. 5, n. 2, 1985. (N.E.)

A manifestação de gênero que é idêntica no inglês e no francês acontece na dimensão da pessoa. Ela não interessa apenas aos gramáticos, embora seja uma manifestação lexical. Como conceito ontológico que lida com a natureza do Ser, junto com uma nebulosa de outros conceitos primitivos que pertencem à mesma linha de pensamento, o gênero parece pertencer primariamente à filosofia. Sua *raison d'être*[2] nunca é questionada na gramática, cujo papel é descrever formas e funções, não encontrar justificativas para elas. O gênero não é mais questionado na filosofia, no entanto, porque pertence àquele conjunto de conceitos autoevidentes sem os quais os filósofos acreditam não ser possível desenvolver uma linha de raciocínio e que, para eles, são conceitos óbvios, pois existem na natureza antes de qualquer pensamento, de qualquer ordem natural. Desse modo, eles chamam o gênero de "delegação lexical de *seres naturais*", seu símbolo. Cientes de que a noção de gênero não é tão inócua quanto parece, as feministas norte-americanas usam gênero como categoria sociológica, deixando claro que não há nada de natural nessa noção, pois os sexos foram concebidos artificialmente enquanto categorias políticas – categorias de opressão. Elas extrapolaram da gramática o termo "gênero" e tendem a sobrepô-lo à noção de sexo. E estão corretas, na medida em que o gênero é o indexador linguístico da oposição política entre os sexos e da dominação das mulheres. Assim como sexo, homem e mulher, o gênero, como conceito, é fundamental no discurso político do contrato social como heterossexual.

Na teoria moderna, mesmo nas suposições de disciplinas que dizem respeito exclusivamente à linguagem, permanece a divisão clássica do mundo concreto de um lado e do abstrato de outro. A realidade física ou social e a linguagem são desconectadas. A abstração, os símbolos, os signos não pertencem ao real. De um

---

[2] Em francês no original: "razão de ser", "propósito". (N.E.)

lado temos o real, o referente, e do outro temos a linguagem. É como se a relação com a linguagem fosse uma relação somente de função, e não de transformação. Por vezes, a confusão entre significado e referente é tanta que os termos chegam a ser usados de forma intercambiável em algumas obras críticas. Ou então acontece uma redução do significado a uma série de mensagens que ecoam o referente, considerado o único suporte do sentido. Entre os linguistas, o russo Mikhail Bakhtin, contemporâneo dos formalistas russos cuja obra demorou a ser traduzida, é o único que me parece ter uma abordagem estritamente materialista da linguagem. Na sociolinguística, há muitos avanços nessa direção, principalmente entre as feministas.[3]

Acredito que até mesmo as categorias filosóficas abstratas ajam sobre o real como social. A linguagem projeta feixes da realidade sobre o corpo social, marcando-o e moldando-o violentamente. Por exemplo, o corpo dos atores sociais é formado pela linguagem abstrata, bem como pela linguagem não abstrata. Pois há uma plasticidade do real na linguagem: a linguagem tem uma ação plástica sobre o real. De acordo com Sande Zeig, os gestos sociais resultam desse fenômeno.[4]

Quanto ao gênero, portanto, é importante não só deslocar da gramática e da linguística uma categoria sociológica que não fala seu nome. Também é muito importante examinar como o gênero age na linguagem e atua na linguagem antes de examinar como ele atua a partir da linguagem sobre seus usuários.

---

[3] GUILLAUMIN, Colette. The Question of Difference. *Feminist Issues*, v. 2, n. 1, 1982; The Masculine: Denotations/Connotations. *Feminist Issues*, v. 5, n. 1, 1985; MATHIEU, Nicole-Claude. Masculinity/Femininity. *Feminist Issues*, v. 1, n. 1, 1980; Biological Paternity, Social Maternity. *Feminist Issues*, v. 4, n. 1, 1984.

[4] ZEIG, Sande. The Actor as Activator. *Feminist Issues*, v. 5, n. 1, 1985.

O gênero ocorre em uma categoria da linguagem que é totalmente diferente de qualquer outra, chamada de pronome pessoal. Os pronomes pessoais são as únicas instâncias linguísticas que designam os locutores no discurso e suas diferentes e sucessivas situações em relação àquele discurso. Como tais, eles também são os caminhos e os meios de entrada da linguagem. E eles nos interessam justamente por representarem pessoas. Sem nenhum tipo de justificativa e sem questionamento, os pronomes pessoais engendram de alguma maneira o gênero por toda a linguagem, carregando-o com eles de forma bastante natural, por assim dizer, em qualquer tipo de fala, debate ou tratado filosófico. E, embora sejam essenciais para a ativação da ideia de gênero, eles passam despercebidos. Não tendo eles próprios uma marca de gênero em sua forma subjetiva (exceto em um caso), eles são capazes de carregar a noção de gênero ao mesmo tempo que parecem estar cumprindo outra função. Em princípio, os pronomes marcam a oposição de gênero somente na terceira pessoa e não são portadores de gênero em si nas outras pessoas. Assim, é como se o gênero não os afetasse, não fosse parte de sua estrutura, não passasse de um detalhe em suas formas associadas. Mas, na realidade, tão logo haja um locutor no discurso, tão logo haja um "eu", o gênero se manifesta. Há um tipo de suspensão na forma gramatical. Ocorre uma interpelação direta do locutor. O locutor é chamado em pessoa. O locutor intervém, na ordem dos pronomes, sem mediação, em seu *próprio sexo* – isto é, quando o locutor pertence ao sexo marcado sociologicamente como mulher. Sabe-se que, em francês, com *je* (eu), deve-se marcar o gênero tão logo se usa esse pronome em relação a particípios passados e adjetivos. Em inglês, uma língua em que não existe esse mesmo tipo de obrigação, uma locutora (mulher, em termos sociológicos) deve, de uma forma ou de outra – isto é, com um certo número de orações –, tornar público qual é seu sexo. Pois o gênero é a imposição do sexo na linguagem e funciona da mesma maneira como a declaração de sexo no estado civil. O gênero não está confinado à terceira pessoa, e a menção do sexo na linguagem não é um tratamento reservado para a terceira pessoa. O sexo, sob o nome de gênero, permeia todo o conjunto da linguagem e força cada locutora, pertencente ao sexo oprimido, a proclamá-lo em sua fala, isto é, a aparecer na linguagem sob sua forma física adequada, e não sob a forma abstrata, que todo homem tem o direito indiscutível de usar. O chamado gênero masculino significa a forma abstrata, a geral, a universal, pois a classe dos homens se apropriou do universal para si. É preciso entender que os homens não nascem com a faculdade do universal e que as mulheres não são reduzidas ao particular no nascimento. O universal foi, e continuamente é, em todo momento, apropriado pelos homens. Isso não acontece por mágica, é algo feito. É um ato, um ato criminoso, perpetrado por uma classe contra outra e cometido em nível conceitual, filosófico e político. E o gênero, ao impor às mulheres uma categoria particular, representa uma medida de dominação. O gênero é muito nocivo às mulheres no exercício da linguagem. Mas não é só isso. Ontologicamente, o gênero é uma impossibilidade total. De acordo com linguistas e filósofos, é justamente no momento em que uma pessoa se torna locutora – quando diz "eu" e, ao fazê-lo, reapropria-se da linguagem como um todo,[5] partindo apenas de si mesma, com o poder imenso de usar toda a linguagem – que o ato supremo da subjetividade, o advento da subjetividade enquanto consciência, ocorre. É quando começa a falar que a pessoa se torna "eu". Esse ato – tornar-se *o* sujeito por meio do exercício da linguagem e por meio da locução –, para que seja real, pressupõe que o locutor seja um sujeito absoluto. Pois um sujeito relativo é inconcebível, um sujeito relativo jamais poderia falar. Quero dizer que, apesar da

---

[5] Ver BENVENISTE, Émile. *Problems in General Linguistics*. Coral Gables: University of Miami Press, 1971.

norma rigorosa do gênero e de sua imposição às mulheres, nenhuma mulher pode dizer "eu" sem ser, por si só, um sujeito total – isto é, sem gênero, universal, completo. Ou, caso isso falhe, ela está condenada ao que chamo de fala de papagaio (escravos repetindo as falas de seus senhores). A linguagem como um todo oferece a todos o mesmo poder de se tornar sujeito absoluto por meio de seu exercício. Mas o gênero, um elemento da linguagem, opera nesse fato ontológico de forma a anulá-lo no que diz respeito às mulheres e corresponde a uma tentativa constante de tirar delas aquilo que o humano tem de mais precioso – a subjetividade. O gênero é uma impossibilidade ontológica, porque ele tenta empreender a divisão do Ser. Mas o Ser enquanto ser não é dividido. Deus ou Homem enquanto seres são Unos e completos. Então o que é esse Ser dividido introduzido na linguagem por meio do gênero? É um Ser impossível, é um Ser que não existe, uma piada ontológica, uma manobra conceitual para arrancar das mulheres o que lhes pertence por direito: conceber a si mesmas como sujeitos totais por meio do exercício da linguagem. O resultado da imposição de gênero, que age como negação no exato momento em que a pessoa fala, é privar as mulheres da autoridade do discurso e forçá-las a entrar na conversa como um siri, de soslaio, particularizando-se e pedindo mil desculpas. O resultado é privá-las de qualquer reivindicação aos discursos abstratos, filosóficos e políticos que dão forma ao corpo social. O gênero, portanto, tem de ser destruído. A possibilidade de sua destruição é dada por meio do próprio exercício da linguagem. Pois cada vez que digo "eu", reorganizo o mundo a partir do meu ponto de vista e, por meio da abstração, reivindico a universalidade. E esse fato vale para todo locutor.

II

Destruir as categorias de sexo na política e na filosofia, destruir o gênero na linguagem (ao menos modificar seu uso) é, portanto, parte do meu trabalho com a escrita e como escritora. Uma parte importante, já que uma modificação tão central quanto essa não pode acontecer sem uma transformação da linguagem como um todo. Ela diz respeito a (toca em) palavras cujos sentidos e formas são próximos e associados ao gênero. Mas também diz respeito a (toca em) palavras cujos sentidos e formas estão muito distantes dele. Em volta da dimensão da pessoa se organizam todas as outras dimensões; e quando ela é posta em jogo, nada mais permanece intacto. As palavras, sua disposição, seu arranjo, a relação de umas com as outras, a nebulosa de suas constelações, mudam, são deslocadas, oprimidas ou reorientadas, postas de lado. E, quando ressurgem, a mudança estrutural na linguagem faz com que pareçam diferentes. Elas são atingidas em seu sentido e sua forma. Sua música soa diferente, sua coloração é afetada. Pois o que realmente está em questão aqui é uma mudança estrutural na linguagem, em seus nervos, em sua estrutura. Mas a linguagem não se deixa esculpir sem um esforço paralelo na filosofia e na política, assim como na economia, porque, assim como as mulheres são marcadas na linguagem pelo gênero, elas são marcadas na sociedade pelo sexo. Eu disse que os pronomes pessoais engendram o gênero por meio da linguagem, e os pronomes pessoais são, por assim dizer, o assunto de cada um dos meus livros – exceto *Le Brouillon pour un dictionnair des amantes* (publicado em inglês como *Lesbian Peoples: Material for a Dictionary*), escrito com Sande Zeig. Eles são os motores para os quais partes funcionais tiveram de ser desenvolvidas e, como tais, criam a necessidade da forma.

A ideia de *The Opoponax*, meu primeiro livro, foi trabalhar o sujeito, o sujeito falante, o sujeito do discurso – a subjetividade, de forma geral. Eu queria restaurar o "eu" não dividido para universalizar o ponto de vista de um grupo condenado a ser particular, relegado à linguagem de uma categoria sub-humana.

Escolhi a infância como um elemento da forma aberto à história (esse é o tema narrativo para mim), a formação do ego em torno da linguagem. Foi necessário um esforço descomunal para quebrar o feitiço do sujeito capturado. Precisei de um dispositivo potente, algo que estivesse imediatamente além dos sexos, algo que não fosse afetado pela divisão por sexo e que não pudesse ser cooptado. Tanto no francês quanto no inglês, há um pronome magnânimo chamado de indefinido, ou seja, que não é marcado pelo gênero e que aprendemos na escola a evitar sistematicamente. É o "*on*" em francês e o "*one*" em inglês. Na verdade, ensina-se tão sistematicamente que ele não deve ser usado que a tradutora de *The Opoponax* conseguiu não usá-lo uma única vez em inglês. Em defesa da tradutora, pode-se dizer que isso soa e parece muito pesado em inglês. Mas, em francês, o peso é o mesmo.

Com esse pronome, que não tem nem gênero nem número, eu poderia colocar os personagens fora da divisão social por sexos e anulá-la no livro inteiro. Em francês, a forma masculina – dizem os gramáticos – usada quando um particípio ou adjetivo é associado com o sujeito *on* na verdade é neutra. Aliás, essa questão incidental do neutro é muito interessante, pois, mesmo quando se consideram termos como "*l'homme*", como "Homem", os gramáticos não falam de neutro no mesmo sentido que falam sobre "Bem" ou "Mal", mas falam do gênero masculino. Pois se apropriaram de "*l'homme*", "*homo*", cujo primeiro sentido não é "macho", mas "humanidade". Pois *homo sum*. O homem como macho é somente um derivativo e um segundo sentido.[6] Voltando

---

[6] A primeira manifestação do Movimento de Libertação das Mulheres na França ocorreu no Arco do Triunfo, onde está localizado o túmulo do soldado desconhecido. Um entre os dizeres dos cartazes era: "*Un homme sur deux est une femme*" (um a cada dois homens é uma mulher). O propósito da manifestação era deixar uma coroa de flores em homenagem à esposa do soldado desconhecido (ainda mais desconhecida do

a "*one*", "*on*", aí está um pronome de sujeito que é muito afável e conciliador, já que pode ser enviado para várias direções ao mesmo tempo. Primeiramente, como já mencionado, ele é indefinido no que diz respeito ao gênero. Pode representar certo número de pessoas sucessivamente ou todos de uma vez – todo mundo, nós, eles, eu, você, pessoas, um número grande ou pequeno de pessoas – e continuar singular. Ele se presta a todo tipo de substituição de pessoas. No caso de *The Opoponax*, era representante de uma classe inteira de pessoas, de todos, de umas poucas pessoas, do eu (o "eu" da personagem principal, o "eu" da narradora e o "eu" da leitora). "*One*", "*on*" foram, para mim, a chave para o uso não distorcido da linguagem, como acontece na infância, quando as palavras são mágicas, quando são postas no caleidoscópio do mundo com todo seu brilho e suas cores, com todas as revoluções geradas na consciência na medida em que o giramos. "*One*", "*on*" foram o caminho para a descrição do aprendizado, por meio de palavras, de tudo o que era importante à consciência, sendo o aprendizado da escrita o primeiro, anterior mesmo ao aprendizado do uso do discurso. "*One*", "*on*" se prestam à experiência singular de todos os locutores e locutoras que, quando dizem "eu", podem se reapropriar de toda a linguagem e reorganizar o mundo a partir de seu ponto de vista. Não escondi as personagens femininas sob patronímicos para fazê-las parecer mais universais, e, no entanto, se eu concordar com o que escreveu Claude Simon, a tentativa de universalização funcionou. Falando sobre o que aconteceu com a personagem principal em *The Opoponax*, uma garotinha, ele escreveu: "Eu enxergo, respiro, mastigo, sinto pelos olhos dela, por sua boca, suas mãos, sua pele... eu me torno a infância".[7]

---

que o soldado), e ocorreu em apoio à manifestação norte-americana das mulheres de agosto de 1970.

[7] Em *L'Express*, 30 nov. 1964.

Antes de falar do pronome que é o eixo de *As guerrilheiras*, gostaria de lembrar o que Marx e Engels disseram em *A ideologia alemã* sobre os interesses de classe. Eles disseram que cada nova classe que luta pelo poder deve, para alcançar seu objetivo, representar seu interesse como o interesse comum de todos os membros da sociedade, e que, no domínio filosófico, essa classe precisa dar forma de universalidade a seu pensamento, para apresentá-lo como o único razoável, o único universalmente válido.

Quanto a *As guerrilheiras*, há um pronome pessoal que se usa muito pouco em francês e que não existe em inglês – o plural coletivo "*elles*" ("*they*", em inglês; "elas", em português) – enquanto "*ils*" ("*they*", "eles") é muito usado para o geral: "*they say*" [eles dizem], que significa "*people say*" [as pessoas dizem]. Esse "*ils*" geral não inclui "*elles*" na mesma medida em que, acredito, o "*they*" inclui "*she*" [ela] em seu princípio. Seria possível lamentar que em inglês não exista nem mesmo um pronome feminino plural hipotético para tentar compensar a ausência de "*she*" no "*they*" geral. Mas de que adianta, se ele existe e não é usado? Nos seus raros usos, "*elles*" nunca significa o geral e nunca é portador de um ponto de vista universal.[8] Um "*elles*", portanto, que fosse capaz de carregar um ponto de vista universal seria uma novidade na literatura ou em qualquer lugar. Em *As guerrilheiras*, tento universalizar o ponto de vista de "*elles*". O objetivo dessa abordagem não é feminizar a palavra, mas tornar as categorias de sexo obsoletas na linguagem. Desse modo, posicionei "*elles*" no texto como o sujeito absoluto do mundo. Para que isso desse certo textualmente, precisei adotar medidas bastante draconianas,

---

8 Nathalie Sarraute usa "*elles*" com bastante frequência em toda sua obra. Mas não é para representar o universal, já que seu trabalho é de outra natureza. Estou convencida de que, sem esse uso que ela faz, "*elles*" não teria se imposto a mim com tanta força. É um exemplo do que Julia Kristeva chama de intertextualidade.

como eliminar, pelo menos nas duas primeiras partes, o *"he"* [ele], ou o *"they-he"* [eles-ele]. Quis produzir um choque no leitor que entra em um texto no qual *"elles"*, por sua presença singular, constitui um assalto – sim, até mesmo para as leitoras. Aqui, novamente, a adoção de um pronome como tema ditou a forma do livro. Embora o assunto do texto fosse a guerra total, perpetrada por *"elles"* contra *"ils"*, para que essa nova pessoa fizesse efeito, dois terços do texto tiveram de ser totalmente habitados, assombrados, por *"elles"*. Palavra por palavra, *"elles"* se estabelece como sujeito absoluto. Somente aí foi que *"il(s)"*, *"they-he"*, pôde aparecer, reduzido e truncado para fora da linguagem. *"Elles"*, para se tornar real, também impôs uma forma épica, em que é não só o sujeito completo do mundo, mas também seu conquistador. Outra consequência derivada da presença soberana de *"elles"* foi que o início cronológico da narrativa – isto é, a guerra total – encontrou-se na terceira parte do livro, e o início textual era, na verdade, o final da narrativa. De lá vem a forma circular do livro, sua *gesta*, cuja forma geométrica do círculo indica um *modus operandi*. Em inglês, o tradutor, sem ter o equivalente lexical de *"elles"*, se viu compelido a fazer uma mudança que, para mim, destrói o efeito da tentativa. Quando *"elles"* se transforma em *"the women"* [as mulheres], o processo de universalização é destruído. De repente, *"elles"* deixou de ser "humanidade". Quando se diz "as mulheres", conota-se um número de mulheres individuais, transformando totalmente o ponto de vista, particularizando o que deveria ser universal. Não se perdeu apenas o que realizei com o pronome coletivo *"elles"*, mas outra palavra também foi introduzida, a palavra "mulheres" aparecendo obsessivamente ao longo do texto, e eu nunca uso em francês essas palavras com marcação de gênero mencionadas antes. Para mim, é o equivalente de "escravo", e, na verdade, fui veementemente contra seu uso sempre que possível. Fazer um remendo e usar um *y* ou um *i* (como em "*womyn*" ou "*wimmin*") não altera a realidade política do mundo. Se imaginamos "*nogger*" ou "*niggir*" no lugar de "*nigger*", talvez seja possível perceber o quanto essa tentativa é fútil. Não é que não haja solução para traduzir "*elles*". Há uma solução, embora tenha sido difícil, para mim, encontrá-la na época. Tenho consciência de que a questão é gramatical, portanto textual, e não uma questão de tradução.[9] A solução para a tradução para o inglês, portanto, é reapropriar-se do pronome coletivo "*they*", que, por direito, pertence ao gênero feminino tanto quanto ao masculino. "*They*" não é apenas um pronome coletivo, ele também desenvolve de cara um grau de universalidade que não é imediato com "*elles*". Na verdade, para se alcançar essa universalidade com "*elles*", é preciso produzir um trabalho de transformação que envolva todo um desfile de outras palavras e que toque a imaginação. "*They*" não compartilha desse viés naturalista e histérico que acompanha o gênero feminino. "*They*" ajuda a ir além das categorias de sexo. Mas o "*they*" só pode ser eficaz na minha ideia quando está sozinho, como seu correspondente em francês. Somente com o uso do "*they*" o texto pode recobrar sua força e estranheza. O fato de que o livro começa com o fim e que o fim é o início cronológico será justificado textualmente pela identidade inesperada do "*they*". Na terceira parte, a seção da guerra, "*they*" não pode ser compartilhado pela categoria para ser eliminado do geral. Em uma nova versão, o gênero masculino tem de ser particularizado mais sistematicamente do que é na forma original do livro. O masculino não deve aparecer sob o "*they*", mas somente sob "*man*", "*he*", "*his*" [homem, ele, dele], em analogia com o que foi feito por tanto tempo com o gênero feminino ("*woman*", "*she*", "*her*" [mulher, ela, dela]). Parece-me

---

[9] De fato, a tradução de David Le Vay é muito bela, particularmente pelo ritmo das frases e pela escolha de vocabulário.

que a solução em inglês nos levará um passo à frente em direção a tornar as categorias de sexo obsoletas na linguagem.

Falar sobre o pronome principal de *The Lesbian Body* (*Le Corps lesbien*) é uma tarefa muito difícil para mim, e algumas vezes considerei esse texto uma fantasia sobre a bela análise dos pronomes "*je*" e "*tu*" feita pelo linguista Émile Benveniste. A barra no "*j/e*" de *The Lesbian Body* é um sinal de excesso. Um sinal que ajuda a imaginar um excesso do "eu", um "eu" exaltado. "Eu" se tornou tão poderoso em *The Lesbian Body* que ele é capaz de atacar a ordem da heterossexualidade nos textos e agredir o chamado amor, os heróis do amor, e lesbianizá-los, lesbianizar os símbolos, lesbianizar os deuses e as deusas, lesbianizar os homens e as mulheres. Esse "eu" pode ser destruído nessa tentativa e ressuscitado. Nada resiste a esse "eu" (ou esse "*tu*", que é igual a ele, é seu amor), que se espalha pelo mundo do livro inteiro, como lava que flui e que nada pode deter.

Para entender o que empreendi nesse texto, é preciso voltar a *The Opoponax*, no qual a única aparição do narrador vem com um "*je*", "eu", localizado ao final do livro em uma frase curta que não foi traduzida para o inglês,[10] um verso de Maurice Sceve, em *La Délie*: "*Tant je l'aimais qu'en elle encore je vis*" ("Eu a amei tanto que nela ainda vivo"). Essa frase é a chave para o texto e lança sua luz suprema sobre ele todo, desmistificando o sentido do opoponax e estabelecendo um sujeito lésbico como o sujeito absoluto, enquanto o amor lésbico é o amor absoluto. "*On*" (opoponax) e "*je*" (o "eu" do final), têm conexões estreitas. Funcionam por revezamento. Em primeiro lugar, "*on*" coincide completamente

---

[10] A edição em inglês de *The Opoponax* carece do corpo poético completo que, em francês, foi incorporado ao texto como elemento orgânico. Ele não está diferenciado no texto com itálico ou aspas. Em inglês, esse corpo poético completo se destaca sem tradução e não tem nenhuma virtude operacional.

com a personagem Catherine Legrand, e também com os outros. Então opoponax aparece como um talismã, um sésamo para a abertura do mundo, uma palavra que obriga tanto as palavras quanto o mundo a fazerem sentido, uma metáfora para o sujeito lésbico. Depois que Catherine Legrand afirma repetidas vezes que "eu sou opoponax", a pessoa que narra pode, ao final do livro, tomar a vez e afirmar em seu nome: "Eu a amei tanto que nela ainda vivo". A cadeia de permutações de "*on*" para "*je*", "eu", de *The Opoponax* criou um contexto para o "eu" em *The Lesbian Body*. Essa compreensão tanto global quanto particular, tanto universal quanto singular, trazida de uma perspectiva dada na homossexualidade, é objeto de algumas páginas extraordinárias de Proust.

Para fechar minha discussão da noção de gênero na linguagem, afirmo que o gênero é uma marca única em sua categoria, o único símbolo lexical que se refere a um grupo oprimido. Nada mais deixou vestígios tão profundos na linguagem, de modo que erradicá-lo não só modificaria a linguagem em nível lexical, como também abalaria a própria estrutura da linguagem e seu funcionamento. Ademais, mudaria as relações das palavras em nível metafórico para muito além dos poucos conceitos e noções que são afetados por essa transformação. Isso mudaria a coloração das palavras em relação umas às outras e sua tonalidade. É uma transformação que afetaria não só o nível conceitual-filosófico e o político, mas também o poético.

O LUGAR DA AÇÃO[1]

O QUE TEM ACONTECIDO NO trabalho de Nathalie Sarraute desde que ela publicou *Les Fruits d'or* (*Os frutos de ouro*), em 1963,[2] é uma transformação tão grande na essência do romance que é difícil apreendê-la. Como essa transformação tem a volatilidade das palavras faladas, chamarei o material com o qual ela trabalha de "interlocução", para estabelecer uma comparação com o que os linguistas chamam de "locução". Com a palavra "interlocução", raramente usada na linguística, refiro-me a tudo o que acontece entre as pessoas quando falam. Isso inclui o fenômeno em sua totalidade, que vai além do discurso em si. E como o sentido dessa palavra deriva de *interromper*, de *cortar a fala de alguém de repente*, algo que não designa um mero ato de fala, amplio seu sentido a qualquer ação ligada ao uso da fala: aos acidentes de discurso (pausas, excesso, falhas, tom, entonação) e aos efeitos relacionados a ele (tropismos, gestos).

---

[1] Escrito em francês e publicado originalmente em *Diagraphe*, n. 32, 1984. (N.E.)

[2] Edição brasileira: *Os frutos de ouro*. Tradução de Raquel Ramalhete. Rio de Janeiro: Nova Fronteira, 1986. (N.E.)

Nessa perspectiva, os personagens de Sarraute são interlocutores: mais anônimos até mesmo que o K., de Kafka, eles têm o teor de Górgias, Críton e Eutífron, de Platão. Evocados por meio do diálogo e da mesma necessidade filosófica, eles desaparecem como meteoritos ou como pessoas com quem cruzamos na rua, pessoas que não são nem mais nem menos reais do que os personagens de um romance e que são adornadas com um nome para satisfazer as necessidades de nossa ficção interior. Mas o que importa aqui além desses interlocutores, que, para o leitor, são personagens comuns, proposições comuns, é a matéria filosófica de Sarraute, a locução e a interlocução, o que ela mesma, no que diz respeito ao romance, chama de "*l'usage de la parole*" ("o uso da fala"). Diferentemente da linguística, que só tem um ponto de vista anatômico sobre a linguagem, o ponto de vista do romance não tem de impor limites em si próprio, pois ele pode coletar, reunir em um só movimento, causas, efeitos e atores. Com Sarraute, o romance cria fenômenos na literatura que ainda não têm nome, seja na ciência, seja na filosofia.

Em primeiro lugar, cabe ressaltar que todos esses problemas relacionados a personagem, ponto de vista e diálogo, que Sarraute desenvolveu em 1956, em *L'Ere du soupçon* (*A era da suspeita*),[3] foram resolvidos pelo fato de o uso da fala se tornar o tema exclusivo de seus livros. O personagem, totalmente transfigurado em sua forma, ainda era complexo demais para as necessidades do texto. Essa forma em si desapareceu. O universo espaço-temporal, que geralmente constitui um elemento fecundo na ficção (descrições de lugares, de edifícios, de espaços geográficos precisos) e que já era muito restrito nos romances de Sarraute que precederam *Les Fruits d'or*, é agora o mais abstrato possível: é um lugar indefinido onde se fala, ou talvez um espaço mental com interlocutores imaginários.

---

[3] Edição portuguesa: *A era da suspeita: ensaios sobre o romance.* Tradução de Alfredo Margarido. Lisboa: Guimarães, 1963. (N.E.)

Às vezes um interlocutor faz uma pausa, abandona a conversa e se retira a lugares indeterminados. Às vezes também aparece um "aqui" e um "ali", mas essa indicação de distância não corresponde a locais, e sim a uma disparidade em ação na linguagem: aquelas pessoas ali e estas pessoas aqui não falam a mesma língua. O ponto de vista, longe de ser único, muda constante e rapidamente de acordo com as intervenções dos interlocutores, provocando mudanças de sentido, variações. A multiplicidade desse ponto de vista e sua mobilidade são produzidas e mantidas pelo ritmo da escrita, que é rompido por aquilo que se chama discurso e seus acidentes. É importante enfatizar essa multiplicidade no que diz respeito à interpretação psicológica, ética ou política dos personagens, pois interpretação nenhuma é possível. Pelo contrário, continuamente se evita a interpretação. Nenhum dos discursos falados, nem mesmo os diálogos interiores ou discursos interiores, é adotado pela autora, e, ademais, não existe um interlocutor encarregado de dar voz ao seu ponto de vista (ao contrário do Sócrates, de Platão), o que força o leitor a adotar todos eles sucessivamente como situações temporárias, como em *Martereau*, por exemplo. Assim, *"le lecteur, sans cesse tendu, aux aguets, comme s'il était à la place de celui à qui les paroles s'adressent, mobilise tous ses instinct de défense, tous ses dons d'intuition, sa mémoire, ses facultés de jugement et de raisonnement"* (o leitor, que se manteve atento, na espreita, como se estivesse no lugar da pessoa a quem as palavras se dirigem, mobiliza todos os seus instintos de defesa, todos os seus poderes de intuição, sua memória, suas faculdades do juízo e da razão).[4]

---

[4] SARRAUTE, Nathalie. *L'Ere du soupçon*. Paris: Gallimard, 1956. p. 144. Edição em inglês: *The Age of Suspicion*. Tradução de Maria Jolas. New York: George Braziller, 1963. p. 115.

Eu adoraria falar da própria substância do texto, do ritmo, das sequências, de seu modo de desenvolvimento, do uso de palavras isoladas que se espalham entre interlocutores, das oscilações espetaculares do texto em momentos em que acontecem mudanças de ponto de vista, das sequências interlocutórias, dos clichês que são orquestrados em torno de uma palavra como ao ritmo de uma batuta, do nascimento e do desdobramento de um texto em contraponto. Esse texto se expressa como um tipo de coro grego antigo, não trágico, mas sarcástico, comentando as eventualidades do discurso, da reunião dinâmica de todos os elementos em um movimento único que os leva longe e que é o texto.

Mas preciso falar de uma questão mais filosófica. Foi por isso que mencionei Platão, embora, ao contrário de seus interlocutores, os de Sarraute não o transmitam em conjunto.

O uso da fala, tal como é praticada cotidianamente, é uma operação que sufoca a linguagem e portanto o ego, cuja aposta fatal é o escamoteio, a dissimulação – o mais cuidadosamente possível – da natureza da linguagem. O que aqui passa despercebido e que sufoca são as palavras entre as palavras, antes dos "pais", antes das "mães", antes de "vocês", antes da "ressurreição dos mortos", antes do "estruturalismo", antes do "capitalismo". O que é abafado por todos os tipos de conversa, seja a conversa das ruas, seja a dos filósofos, é a primeira linguagem (da qual o dicionário nos dá uma ideia aproximada): aquela em que o sentido ainda não ocorreu, aquela que é para todos, que pertence a todos, e que todos, por sua vez, podem pegar, usar, direcionar a um sentido. Pois esse é o pacto social que nos vincula, o contrato exclusivo (nenhum outro é possível), um contrato social que existe exatamente como Rousseau o concebeu, um contrato em que o "direito do mais forte" é uma contradição em termos, em que não existem homens nem mulheres, nem raças ou opressão, nada além do que pode ser nomeado progressivamente, palavra por palavra, linguagem. Nele somos todos livres e iguais, ou não haveria pacto possível. Todos aprendemos a falar com a consciência de que palavras podem ser intercambiadas, de que a linguagem se forma em relação à reciprocidade absoluta. Se não fosse assim, quem seria louco de querer falar? O poder extraordinário que os linguistas nos deram a conhecer, o poder de usar, a partir somente de si próprio, toda a linguagem, com suas palavras de sentidos e sons deslumbrantes, pertence a todos nós. A linguagem existe como o lugar-comum[5] em que se pode regozijar livremente e, em uma só tacada, por meio das palavras, pôr ao alcance dos outros a mesma liberdade, sem a qual não existiria sentido. *"Par toutes leurs voyelles, par toutes leurs consonnes [les mots] se tendent, s'ouvrent, aspirent, s'imbibent, s'emplissent, se gonflent, s'épandent à la mesure d'espaces infinis, à la mesure de bonheurs sans bornes"*[6] (Com todas as suas vogais, suas consoantes, [as palavras] esticam-se, abrem-se, aspiram, saturam-se, preenchem-se, inflam, espalham-se sobre o espaço infinito, a uma dimensão de felicidades sem fim).

A linguagem existe como um paraíso feito de palavras visíveis, audíveis, palpáveis, palatáveis:

> *quand le fracas des mots heurtés les uns contre les autres couvre leur sens [...] quand frottés les uns contre les autres, ils le recouvrent de gerbes étincelantes [...] quand dans chaque mot*

---

[5] A edição em inglês deste texto traz aqui uma nota que chama atenção para o *lieu commun* de Wittig, que guardaria em si dois sentidos: o lugar comunal, que é comum a todos nós, e o lugar-comum, no sentido de algo trivial e corriqueiro. A ideia é salientar a perda desse sentido no inglês escrito, que diferencia *"common place"* de *"commonplace"*. O mesmo acontece em português com "lugar comum" e "lugar-comum". (N.E.)

[6] SARRAUTE, Nathalie. *Disent les imbéciles.* Paris: Gallimard, 1976, p. 130. Edição em inglês: *Fools Say.* Tradução de Maria Jolas. Nova York: George Braziller, 1977, p. 101-102.

son sens réduit à un petit noyau est entouré de vastes étendues brumeuses [...] quand il est dissimulé par un jeu de reflets, de réverbérations, de miroitements [...] quand les mots entourés d'un halo semblent voguer suspendus à distance les uns des autres [...] quand se posant en nous un par un, ils s'implantent, s'imbibent lentement de notre plus obscure substance, nous emplissent tout entiers, se dilatent, s'épandent à notre mesure, au-delà de notre mesure, hors de toute mesure?[7]

(quando o estrondo das palavras colidindo umas com as outras abafa seu sentido [...] quando seu atrito produz uma chuva de faíscas que o esconde [...] quando o sentido de cada palavra é reduzido a um núcleo mínimo envolto por espaços vastos e enevoados [...] quando se dissimula sob o jogo de reflexos, de reverberações, de cintilações [...] quando as palavras são envoltas por um halo e parecem flutuar, suspensas e separadas umas das outras [...] quando descendem uma por uma e se instalam em nós, embutem-se, sorvem pouco a pouco nossa substância mais obscura, preenchem todas as nossas cavidades, dilatam-se, espalham-se por toda nossa medida, para além da nossa medida, para além de toda medida?)

Mas, ainda que o contrato social, tal como é, garanta a disposição total e exclusiva da linguagem a todos, e ainda que, de acordo com esse mesmo direito, ele garanta a possibilidade do intercâmbio da linguagem com qualquer interlocutor nos mesmos termos – pois a própria possibilidade de intercâmbio garante a reciprocidade –, ainda assim, parece que os dois modos de se relacionar com a linguagem nada têm em comum.

---

[7] SARRAUTE, Nathalie. *L'Usage de la parole*. Paris: Gallimard, 1980, p. 148. Edição em inglês: *The Use of Speech*. Tradução de Barbara Wright, com a colaboração da autora. Nova York: George Braziller, 1983, p. 142.

É quase como se, de repente, em vez de haver um só contrato, houvesse dois. Em um deles, o contrato explícito – aquele em que o "eu" se faz ser humano por ter recebido o dom da fala, o contrato em que a prática da linguagem constitui o "eu" que a fala –, face a face com as palavras, o "eu" é um herói (*héros – héraut, Hérault, erre haut*)[8] a quem o mundo pertence, mundo que ele forma e deforma como desejar. E todos concordam em garantir esse direito ao "eu"; é um consenso universal. Aqui não preciso fazer cerimônia, posso pôr as botas na mesa, sou soberana, ou, como diz Pinget em *Baga*, sou o *"roi de moi"* (sou meu próprio rei). No outro contrato, o contrato implícito, acontece o exato oposto. Com a aparição do interlocutor, os polos se invertem:

> *Disons que ce pourrait les faire céder à ce besoin de fuite [...] nous avons tous éprouvé [...] ce serait la perspective de ce à quoi elles seront obligées de se soumettre [...] cette petite opé-ration [...] Petite? Mais à quoi bon essayer raisonnablement, docilement, décemment, craintivement, de s'abriter derrière "petite"? Soyons francs, pas petite, pas petite du tout [...] le mot qui lui convient est "énorme" [...] une énorme opération, une véritable mue.[9]*

> (Digamos que o que pode fazê-los ceder a essa necessidade de fugir [...] todos já a sentimos [...] seria a perspectiva daquilo a que eles seriam obrigados a se submeter [...] aquela pequena operação [...] Pequena? Mas qual é o sentido de tentar razoavelmente, docilmente, decentemente, temerosamente, proteger-se atrás de "pequena"? Sejamos francos, não é pequena, de forma alguma é pequena [...] a palavra

---

[8] O trocadilho de homonímia de "*héros*" [herói] não é traduzível. (Nota da edição em inglês.)

[9] SARRAUTE, 1980, p. 88-89. (1983, p. 85).

adequada é "enorme" […] uma operação enorme, uma verdadeira muda.[10])

O fato de que o outro avança em suas próprias palavras é suficiente para que seja lançada sobre o "eu", mesmo antes de pronunciar uma única palavra, uma vestimenta que não tem nada de manto real.

> *D'elle quelque chose se dégage […] comme un fluide […] comme des rayons […] il sent que sous leur effet il subit une opération par laquelle il est mis en forme, qui lui donne un corps, un sexe, un âge, l'affuble d'un signe comme une formule mathématique résumant un long développement.*[11]

> (Algo emana dela […] como um fluido, como raios […] ele sente que, sob esse feito, padece de uma operação que lhe dá forma, que lhe dá um corpo, um sexo, uma idade, que lhe reveste de um signo tal qual uma fórmula que resume um longo desenvolvimento matemático.)

Antes mesmo que o "eu" se dê conta, o "eu" é feito prisioneiro, torna-se vítima de uma trapaça. O que havia interpretado equivocadamente como liberdade absoluta, a reciprocidade necessária sem a qual a linguagem é impossível, não é nada além de rendição, um acordo que depõe o "eu" à mercê da menor palavra. Quando essa palavra é proferida e

> *le centre, le lieu secret où se trouvait l'état-major et d'où lui, chef suprême, les cartes étalées sous les yeux, examinant la configuration du terrain, écoutant les rapports, prenant les décisions,*

---

[10] "Muda" sendo o processo de troca de pelagem, pele ou exoesqueleto de algumas espécies de animais. (N.E.)

[11] SARRAUTE, 1980, p. 91. (1983, p. 87).

*dirigeait les opérations, une bombe l'a soufflé [...] il est projeté
à terre, ses insignes arrachés, il s'est secoué, contraint à se relever
et à marcher, poussé à coups de crosse, à coups de pied dans
le troupeau grisâtre des captifs, tous portant la même tenue,
classés dans la même catégorie.*[12]

(o centro, o local secreto onde se encontra o Estado-Maior
e de onde ele, o chefe supremo, com os mapas espalhados
diante dos olhos, examina a configuração do terreno, ouve
relatos, toma decisões, dirige operações, ali cai uma bomba
[...] ele é jogado no chão, sua insígnia é arrancada, ele é
sacodido, é obrigado a se levantar e caminhar, é empurra-
do a coronhadas e chutes para junto da multidão cinzenta
de prisioneiros, todos com roupas iguais, classificados na
mesma categoria.)

No segundo contrato, o contrato implícito, na interlocução
não há nenhuma restrição, e que vença o melhor, ele merece.
Falar em direito seria inadequado nesse caso, pois só se é o mais
forte ao tirar vantagem do poder ilimitado sobre o outro que a
linguagem oferece, um poder ainda mais ilimitado porque não
tem existência social reconhecida. É, portanto, com total impu-
nidade que os mais fortes no uso das palavras podem se tornar
criminosos. As palavras, *les paroles,*

*pourvu qu'elles présentent une apparence à peu près anodine
et banale peuvent être sont souvent en effet, sans que per-
sonne y trouve à redire, sans que la victime ose clairement
se l'avouer, l'arme quotidienne, insidieuse et très efficace,
d'innombrables petits crimes. Car rien n'égale la vitesse avec
laquelle elles touchent l'interlocuteur au moment où il est le
moins sur ses gardes, ne lui donnant souvent qu'une sensa-
tion de chatouillement désagréable ou de légère brûlure, la*

---

[12] SARRAUTE, 1976, p. 42. (1977, p. 35)

précision avec laquelle elles vont droit en lui aux point les plus secrets et les plus vulnérables, se logent dans ses replis les plus profonds, sans qu'il ait le désir, ni les moyens, ni le temps de riposter.[13]

(desde que apresentem uma aparência mais ou menos inofensiva e comum, muitas vezes podem ser, e na verdade são, sem que ninguém faça objeções, sem que a própria vítima ouse admiti-lo francamente, [...] a arma diária, insidiosa e muito eficaz responsável por incontáveis delitos. Pois não há nada igual à rapidez com que elas atingem o interlocutor no momento em que ele baixa a guarda, muitas vezes causando apenas a sensação de uma coceira desagradável ou de um leve ardor; ou à precisão com que se dirigem diretamente a ele em seus pontos mais secretos e vulneráveis, e se alojam em seus recônditos mais profundos, sem que ele tenha desejo, meios ou tempo para responder.)

Com uma única palavra, o "eu" é persuadido e conduzido por dois cavalheiros, como o narrador em *Martereau*, pois aquilo que, de acordo com o pacto primário, estabelece o "eu" como livre agora o mantém preso com os pés e as mãos atadas. Palavras aladas também são porretes, a linguagem é um engodo, o paraíso é também o inferno dos discursos, não mais a confusão de idiomas, como em Babel, ou a discórdia, mas a grande ordem, a imposição de um sentido estrito, de um sentido social.

O que está acontecendo entre os dois contratos? Por que será que, em qualquer momento, não mais enquanto sujeito todo-poderoso, não mais como rei, o "eu" se vê rolando na poeira ao pé do trono? Quando Sartre, no prefácio de *Portrait*

---

[13] SARRAUTE, 1956, p. 122-123 (1963, p. 97-98).

d'un inconnu (Retrato de um desconhecido, 1956), de Nathalie Sarraute, fala sobre o "*va et vient incessant du particulier au général*" ("vaivém incessante do particular ao geral"), que é a abordagem de qualquer ciência, ele pensava nos tropismos, nesse movimento da consciência, nesse indicador de uma reação a uma ou a várias palavras, e imaginava uma consciência particular tentando alcançar o geral. Mas na verdade o que ocorre é exatamente o contrário, pois é a cada vez que o "eu" é proferido no singular que, de acordo com Sarraute, o "eu" é o geral, um "infinito", uma "nebulosa", um "mundo". E um interlocutor, apenas um, é suficiente para que o "eu" passe do geral a um mero particular em um movimento que é exatamente o inverso daquele atribuído à ciência.

É ali, no intervalo entre locução e interlocução, que surge o conflito: a estranha tração, a tensão no movimento do particular ao geral, vivida por qualquer ser humano quando de um "eu" – único na linguagem, sem forma, sem limites, infinito – transforma-se subitamente em nada ou quase nada, "você", "ele", "ela", "um homúnculo um tanto feioso", um interlocutor. A redução brutal (uma "*véritable mue*" – "verdadeira muda") sugere que o tão promissor contrato era descaradamente falso. E assim, para Sarraute, isso implica não só que o sentido social ou as contradições entre o interesse geral e o interesse particular, ao exercerem pressão constante sobre o intercâmbio da linguagem, particularmente na interlocução, estejam nas origens do conflito; Sarraute também questiona o sistema inteiro: a *falha fundamental* no contrato, o bicho na fruta, o fato de o contrato ser estruturalmente uma impossibilidade – dado que, por meio da linguagem, o "eu" é tudo, o "eu" tem todos os poderes (como locutor), mas, ao mesmo tempo, de repente, há uma dissolução pela qual o "eu" perde todo o poder (como interlocutor) e é ameaçado por palavras que podem causar loucura, podem matar. O significado social, os lugares-comuns não são a causa: eles vêm depois, e são usados. Parece até que eles existem justamente para isso, "basta tirá-los da reserva comum". Ademais, estão à disposição de todos, todo mundo os usa de modo efervescente, os fracos, os fortes, cada um se fazendo de vítima à sua própria maneira, o arrogante, o jovem casal perfeito, o homem seguro de si, sem que haja vencedores ou perdedores. O "você" redutivo que os nivela, diminui-os, rotula-os como "*honteuses et rougissants dans leur ridicule nudité, esclaves anonymes enchaînées l'une à l'autre, bétail conduit pêle-mêle au marché*"[14] (envergonhados e ruborizados em sua nudez ridícula, escravos anônimos acorrentados uns aos outros, gado conduzido aos trancos e barrancos para o mercado) pode, como um bumerangue, voltar-se contra o agressor, como no caso de *Martereau*, em que é a vez de o poderoso empobrecer: "*tendre faible transi de froid [...] les gamins lui jettent des pierres [...] La face peinte, affublé d'oripeaux grotesques, elle le force chaque soir à faire le pitre, à crier cocorico sur l'estrade d'un beuglant, sous les rires, les huées*"[15] (tenro e fraco, entorpecido pelo frio [...] os moleques de rua jogam pedras nele [...] Com o rosto pintado, ataviado com uma roupa ridícula, ela o força toda noite a se fazer de palhaço, a cantar cocoricó no palco de um cabaré barato, sob risadas e vaias).

Qualquer ator social se utiliza dessa arma dos lugares-comuns, qualquer que seja sua situação, pois é a forma degradada de reciprocidade que fundou o contrato de intercâmbio. No entanto, o conflito devido ao confronto dos dois modos de relação

---

[14] SARRAUTE, Nathalie. *Martereau*. Paris: Gallimard, 1953; Le Livre de Poche, 1964. p. 129. Edição em inglês: *Martereau*. Translated by Maria Jolas. New York: George Braziller, 1959. p. 127.

[15] SARRAUTE, 1953, p. 213 (1959, p. 211-212).

com a linguagem (locução e interlocução) continua insuperável de qualquer ponto de vista.

A essência dos romances de Sarraute abarca esse movimento duplo, esse abraço fatal, com suas palavras violentas, veementes e passionais. E isso me leva a dizer que o paraíso do contrato social só existe na literatura, onde os tropismos, por sua violência, podem se opor a qualquer redução do "eu" a um denominador comum, podem esgarçar a trama densa dos lugares-comuns e evitar continuamente sua organização em um sistema de sentido obrigatório.

Este livro foi composto com tipografia Adobe Garamond Pro e impresso em papel Off-White 90 g/m² na Formato Artes Gráficas.